刘为军 · 著

博弈论视野下的
区域警务合作研究

Boyilun
Shiyexia de Quyu Jingwu
Hezuo Yanjiu

时 事 出 版 社

图书在版编目（CIP）数据

博弈论视野下的区域警务合作研究/刘为军著．—北京：时事出版社，2015.8
ISBN 978-7-80232-860-0

Ⅰ.①博…　Ⅱ.①刘…　Ⅲ.①警察—工作—国际合作—研究　Ⅳ.①D523.36

中国版本图书馆CIP数据核字（2015）第137875号

出版发行：时事出版社
地　　址：北京市海淀区万寿寺甲2号
邮　　编：100081
发行热线：（010）88547590　88547591
读者服务部：（010）88547595
传　　真：（010）88547592
电子邮箱：shishichubanshe@sina.com
网　　址：www.shishishe.com
印　　刷：北京市昌平百善印刷厂

开本：787×1092　1/16　印张：14　字数：157千字
2015年8月第1版　2015年8月第1次印刷
定价：58.00元

目　　录

第一章

研究意义与研究方法

基于对“区域”概念的不同理解，人们在多个层面上使用区域警务合作概念：有的将某一国际组织内部的警务合作称为区域警务合作（如欧盟框架下的警务合作），[①] 有的将毗邻国家之间的警务合作称为区域警务合作（如上合组织框架下的区域警务合作、次湄公河区域警务合作），有的将大陆与港澳台地区的警务合作称为区域警务合作（学界一般把这种警务合作称为区际警务合作或协作），还有的将所有跨区域的警务合作统称为区域警务合作，并将其分为省内警务合作、跨省警务合作、两岸四地警务合作以及国际警务合作。[②]

本书所指的区域警务合作，是指一国之内不同地区警察机关在执行警务活动过程中相互提供支持、协助的一种机制，也可以称之为地区间警务协作或合作，或者跨区域

---

① 参见赵永琛：《论区域警务合作》，《政法学刊》1999 年第 2 期。

② 孙文德主编：《论五大警务——构建现代警务机制的实践与思考》，群众出版社 2011 年版，第 107 页。

警务合作。[1] 需要说明的是，警务的辐射范围很广，为了使论述更为集中，本书论述的警务限于公安机关的警务活动，而且主要指公安机关对外实施的执法行为。

区域警务合作对于整合各地警务资源、提升警务机关打击犯罪的效率有着极为重要的意义，已经成为各地执行警务活动的日常选项，应用频率极高。博弈论是行为研究的重要工具，以博弈论来研究区域警务合作制度，可以在把警务合作还原为合作博弈（或以追求合作为目的之博弈）基础上，把握警务合作的规律和各合作主体之需要，避免一厢情愿式“无条件合作”给警务效率带来的损害。

一、研究意义

我国历来重视区域警务合作，但是传统上的区域警务合作主要局限于各个公安机关的自发行动，比较重视个案合作，缺乏系统化、体系化的合作方案。2010 年以来，各地公安机关根据公安部的统一部署，开始强力推进自觉的区域警务合作，并初步建立了包括泛东北（内蒙古、辽宁、吉林、黑龙江四区、省）、环首都（北京、天津、河北、山西、内蒙古、辽宁、山东七市、省、区）、西北（甘肃、陕西、青海、宁夏、新疆、

① 学界和实践部门常常混用警务协作和警务合作的表述，在指代内容一致的情况下，本书不做硬性区分。也有人认为，区域警务合作（跨区域警务合作）是指公安机关之间为达到打击、预防跨区犯罪的目标，彼此通过协调作用而展开的联合行动。参见卞堪光：《跨区犯罪与警务合作》，《特区展望》1998 年第 2 期。后一定义在当前形势下显然失之过窄。

内蒙古六省、区及新疆生产建设兵团）、泛西南（重庆、四川、贵州、云南、西藏、青海六市、省、区）、泛珠三角（福建、江西、湖南、广东、广西、海南、四川、贵州、云南九省、区）、中部五省（河南、湖北、安徽、湖南、江西五省）[①] 和苏浙皖沪（江苏、浙江、安徽、上海）在内的七大警务合作区，基本形成了覆盖全国、辐射全警、联动有关部门的警务合作格局。根据媒体报道，公安部领导曾经指出，自区域警务合作机制建立以来，无论是在重大安保任务、处置一系列重大突发事件和成功侦破重大案件等专项工作，还是整治社会治安突出问题等日常工作中，都发挥了巨大作用，也已成为提升公安机关战斗力的新的增长点。[②]

以上区域警务合作都还处于探索阶段，可供参照的经验并不太多，许多细节问题还有待通过各地警方的谈判解决。更重要的是，如何使环首都警务合作成为一种常态，并长期稳定运转，仍是摆在七地公安机关面前的重大课题。

我国研究区域警务合作的论著较多，著作方面较有代表性的是魏永忠教授的《跨区域警务合作论——环首都地区社会安全防控警务合作体系研究》（中国人民公安大学出版社 2009 年版），对环首都地区社会安全防控警务合作体系的机制建设、社会安全防控预警指标体系的基本模型、社会安全防控预警机制建设的核心内容、警务合作建设的保障机制等进行了系统阐

① 中部五省区域警务合作与周边其他省份联系极为密切，其区域警务合作会议通常会联系其他周边省份一起召开，如 2011 年 6 月在湖南省长沙市召开的中部五省第二届暨湘粤桂渝黔警务合作联席会议、2012 年 6 月在江西南昌召开的中部五省第三届暨赣浙闽粤警务合作联席会议。

② 《公安部将大力推进区域警务合作向多领域深入发展》，http：//www. chinadaily. com. cn/hqcj/zxqxb/2011-11-03/content_ 4262411. html，2011 年 12 月 2 日浏览。

述。不过，从研究视野来看，目前的研究大多着眼于首都社会安全防控，并且极少能够深入警务合作之实质，并具体分解各项具体警务职能来展开阐述。

重要城市与周边区域之间的警务合作在西方发达国家亦颇受重视，如英国大伦敦地区与周边郡市的警务合作、美国纽约州与康涅狄格州等州的警务合作等。不过，英美国家囿于地方分权体制影响，在警务合作方面效果并不理想。英美国家多将警务合作纳入警务模式之中讨论，相关论述见诸警察管理方面的著作或政府警务改革方案，提出了一系列针对性的措施。例如，英国自 2004 年以后的多个警务改革计划均提到组建跨区域警察机构来弥补地区合作之不足。欧洲大陆国家借助欧盟、申根组织（包括其情报系统 SIS Ⅱ）和欧洲刑警组织（Europol）等实现了国与国之间顺畅的警务合作，而对国内区域警务合作则更为顺畅。在学理上，重要的研究成果在于通过警务模式变革来解决警务合作问题，即逐步实现由问题主导向情报主导之警务模式转型。例如杰瑞·莱特克里菲在其力作《情报主导警务》① 中的阐述。这是借助现代信息技术和情报分析研判来强化地区间警务合作的重大进步。当然，英美及欧洲大陆与我国政治体制、警察体制和警务传统等都存在较大差别，区域警务合作领域可供借鉴的经验虽多，但成功的经验并不能简单复制。

在此背景下，以科学的研究方法，认真总结现有区域警务合作的实践经验，客观分析区域警务合作过程中暴露的突出问

① 杰瑞·莱特克里菲著，崔嵩译：《情报主导警务》，中国人民公安大学出版社 2010 年版。

题，全面深入整理那些符合我国现实需要且具有可操作性的有益做法，寻求完善合作机制、提高合作效率、节约警务成本的方法，使区域警务合作机制兼顾警务活动法治化和科学化两大主题的需要，实现最优①的警务效果，无疑具有重大的理论意义和实践价值。

二、研究方法

利用博弈论来研究区域警务合作制度有着天然的优势。警

---

① 本书所指最优方案，如无特别说明，乃依据行为科学上之“满意性原理”，指让决策者最满意之方案。满意性原理源自理性原理，现在主要应用于决策领域。该理论按照决策结果的心理预期效果，可以将决策分为最优决策和满意决策。最优决策就是指通过主体的决策行为，能够获得客观上最佳的方案的决策活动。最优决策在很多时候是不可能实现的。因为要求得最优，就势必要求掌握一切情况，分析一切可能性，这不仅不太可能，而且要付出昂贵的代价。而且为了追求尽可能多的信息，势必花费大量的时间，这又与及时决策相矛盾，容易丧失良机，反倒影响决策的效果。为此，根据现代决策理论，除了少数情况下可以进行确定型决策以外，多数时候不是去追求最优化，而是去追求满意化，即在此时、此地、此条件下，可以满意地解决现实矛盾，就可以决策了。满意决策就是比拖延不解决更有效益，能够在现实地条件下求得一个让人满意的结果。当然，依据满意决策所获取的方案行动，在取得一定成效之后往往还会出现新的矛盾，这时需要再度进行新的满意决策。满意决策为实践中许多与证据有关的决策行为提供了解释模型。事实上，我们在谈到行为的最优化时，谈到的往往是指特定情形限定之下的最令相关主体满意的方案。

根据满意性原理，在警务活动中，最优方案存在的可能性微乎其微。和许多问题（包括自然技术问题和社会技术问题）一样，人们在证明面对的绝非只是在两种解或多种解中进行选择的问题，而是面对目标直接“设计”出一个方案来，人们这样做，只求这样的设计是“令人满意的”。因此，追求“满意解”是人类的特点，它源于人的理性的有界性，人只能根据现有信息寻求某种合意方案。卡尔纳普亦指出，在不确定情形下，人们无法搞清方案中出现各种可能结果的概率分布时，他们需要一些不必知道概率的方法。人们往往根据自己的主观愿望建立不同的评价标准，但选出来的方案还是符合人们所认为的那种最好方案的。

关于满意性原理的具体表达，参见潘天群：《科学方法论导论》，中央编译出版社1999年版，第189页。也可参见刘为军：《论证据学的行为科学基础》，《政法学刊》2009年第5期。

务活动（特别是作为其重要组成部分的侦查行为）是公认的比较典型的博弈行为，对于涉及不同地区公安机关（也即不同警务主体）之间的合作，博弈论尤其是合作博弈理论可以为其发展完善提供可资借鉴的理论依据和具体措施支持。尽管非合作博弈理论是博弈论主流，但是不管非合作博弈理论还是合作博弈理论，其最终目的都是为了实现合作，这和研究警务合作制度的目的是一致的。

事实上，博弈论特别是合作博弈理论，已经较好地回答了如何实现合作的一系列问题。例如，合作博弈论者认为，要实现博弈双方或多方之合作，必须存在共同利益、必要的信息交流，参与者之间必须自愿、平等和互利，参与者之间必须达成强制性契约。博弈论业已建立的分析模型，如“猎鹿博弈”、“公地悲剧”等均对合作之条件和中间变量进行了深入探讨。以此来审视我国的区域警务合作制度，显然，没有具体制度或配套措施来保障的无条件合作理念是多么的力不从心。不仅如此，博弈论还分析制度内生问题，可借此判断警务合作过程中有无自发实现均衡制度之可能。可见，以博弈论理论预设下的条件以及合作演变规律来探讨区域警务合作制度，可以直达问题之根源。

为此，我们有必要在深入分析博弈论在警务行为研究中的应用价值、博弈论视野下的警务制度、政策构建路径的基础上，紧密结合我国区域警务合作之实践，剖析其规范及实践层面存在的问题，以期为实现较为理想的区域警务合作提供可行之制度方案。①

---

① 需要说明的是，当前警务合作实践覆盖面广，涉及到包括侦查、治安、维稳等各个领域，但从目前的实践来看，最为成功的仍然是侦查领域，为此，本书将主要以区域侦查协作为研究对象，阐述区域警务合作的诸方面问题。

诚然，本书虽以博弈论为主要分析工具，但又不限于此，本书涉及到的其他研究方法还包括：（1）实证研究方法，即深入我国公安执法实务领域，对警务具体运作模式进行调研，掌握大量一手材料，以充分完整的数据来进行论证；（2）比较研究方法，为深刻把握，进行纵向的历史比较，以及不同警务合作区的横向比较；（3）系统研究方法，把警务合作制度置于我国整个公安体制改革和司法改革框架之下研究，突出一体化观念和制度协同理念。

三、主要创新之处

本书在以下几个方面作出了一定的创新性贡献：

无论从博弈论还是实践本身来看，现行的无条件警务合作都是不科学的，它违背了合作博弈的基本条件。无条件合作可以作为一种理念提倡，以加强公安机关之凝聚力，但不能以此作为制度基础。

各地公安机关的警务合作实践无法催生均衡之合作制度，需要以外部强加方式来推动区域警务合作之科学创新和发展。

区域警务合作是一个世界性的难题，境外对该问题的解决亦不理想。对境外制度的考察，不仅要看其制度本身，还要观察其实践运行实效，才能分析出那些具有共性的问题，否则将陷入单纯“拿来主义”的误区。

区域警务合作问题极为复杂，涉及到许多制度内和制度外、理性与非理性因素，其制度构建必然也是体系性和层次性的，必须形成以警务合作义务为核心，由包括合作利益补偿机制、利益重新分配机制、责任机制等在内的配套制度，并关注相关的文化建设，才能逐步趋向“合作无间”之境界。

本书首次尝试运用博弈论研究警务合作，将为博弈论研究提供更丰富的素材，同时为警务合作制度提供更好的理论支撑，在研究方法上具有一定创新性。

第二章

博弈论及其在警务行为研究中的应用*

区域警务合作是警务活动的一个重要方面。许多关于警务活动特别是侦查行为的研究著作，或者实践部门的经验总结性报告中都会提到博弈一词，认为警察执法特别是侦查就是一种博弈，换言之，警务行为与博弈的种属关系已经成为一种常识性的表述。不过，警务行为何以构成博弈，博弈理论是否可以用于警务行为研究则鲜有人论及，但事实上，对这一问题的回答是我们将博弈理论应用于区域警务合作研究的基础和前提。

区域侦查协作是区域警务合作的最主要内容之一，也是目前区域警务合作取得成果最为丰硕的领域，因此，为了使表述更为集中，以下我们以博弈及博弈论在侦查行为研究中的应用前景及局限性为例，解释其在警务行为研究中的价值。

---

* 本章部分内容曾收录作者专著《侦查中的博弈》（中国检察出版社 2011 年版）中。

一、博弈与博弈论

人具有社会性，我们的行为与他人的行为交织在一起，时刻都处在与他人的互动之中。小到家庭生活、朋友聚会、向陌生人问路，大至经营企业、从事社会管理乃至外交、战争，无不充斥着人与人、人与组织或者组织与组织之间的互动，自然也包括各地公安机关或者侦查部门之间的相互往来，这些互动都可以称作“博弈”，它是人类个体行为和组织行为的基本特征之一。只要是发生在人与人之间的相互影响和相互作用，就可以看作博弈现象和博弈行为。①

“博弈”一词古已有之，但当前理论上所说的博弈，译自英文中的“game”，其基本含义是“游戏”。理论上对博弈的界定众说不一，但基本上都承认，博弈是指一些个体或组织，在一定的条件下，按照一定的规则同时或先后、一次或多次采取行动或者作出策略选择，各自从中取得相应结果或者收益的过程。②

以理性的个体在相互依存时如何作出决策为主要研究对象的理论，即博弈论（Game Theory）。博弈论又称为对策论，它以数学为基础，研究行为互动中最优解（最佳对策集）问题的理论。对具有博弈性质的决策问题的研究由来已久。

---

① 刘为军：《论侦查制度、政策构建的基本路径——以博弈论为视角》，《山东警察学院学报》2012 年第 2 期。

② 刘为军：《合作侦查博弈研究》，《中国人民公安大学学报（社会科学版）》2011 年第 5 期。

2000多年前，著名军事学家孙膑就曾利用博弈论方法帮助田忌取得赛马胜利。早在1838年，古诺（Cournot）就提出了简单双寡头垄断博弈。但是这些研究都是零碎的、片段式的。一般认为，博弈论诞生的标志性事件是1944年由冯·诺伊曼和摩根斯坦恩合作撰写的《博弈论和经济行为》的出版。该书建立了合作型博弈的基本模型，标志着现代系统博弈理论的初步形成。20世纪50年代后，博弈论的研究渐入佳境。当非零和博弈理论，特别是不完全信息博弈理论在20世纪五六十年代获得充分发展时，作为一门学科的博弈论终成现实。在博弈论发展的关键节点上，纳什对非合作博弈——纳什均衡①的贡献功不可没。1950年和1951年，纳什发表了两篇关于非合作博弈论的重要论文，彻底改变了人们对竞争和市场的看法。他证明了非合作博弈及其均衡解，并证明了均衡解的存在性，即著名的纳什均衡，从而揭示了博弈均衡与经济均衡的内在联系。纳什的研究奠定了现代非合作博弈论的基石，后来的博弈论研究基本上都是沿着这条主线展开的。② 时至今日，尽管有些基本概念还来源于冯·诺伊曼和摩根斯坦恩的著作，但现代博弈理论在具体内容上已经有了根本的不同。

由于数学是博弈论重要的分析工具，所以很多人把它当作数学的分支学科；博弈论往往又被当成经济学的分支学科，原因在于人们经常使用博弈论来分析经济行为，而且其对经济现

---

① 均衡是指所有参与者最优策略或行动的组合。这一定义源自纳什，因而也称为“纳什均衡”。在均衡状态下，任何一个参与者的最优策略通常都依赖于其他参与者的策略选择，即对其他参与者策略的最优反应。所谓“最优反应”，是指选择该策略带给采用它的博弈参与者的利益或期望利益，大于或者至少不小于选择其他任何策略能够带来的利益。参见解识予：《纳什均衡论》，上海财经大学出版社1999年版，第25页。

② 刘为军：《侦查中的博弈》，中国检察出版社2011年版，第2页。

象的解释也较为成功，甚至博弈论自身的许多研究成果也是以经济现象为例发展起来的，而且经济学家们对博弈论的贡献也非常突出。① 不过，这并不意味着博弈论是数学家和经济学家们的专门知识和独家工具。

一般认为，作为博弈论的研究对象的事件应当具备四个基本特征，即群体性、互动性、策略性和理性。其中，互动性是指事情的最终结果取决于所有人的行动，策略性是指每个人都认识到并考虑到这种相互依赖性，而理性则是指每个人选择行动的时候要针对对手的可能行动而选择一个最优对策。② 可见，社会科学研究的许多问题大致都能满足上述条件，这为博弈论应用于社会科学问题分析提供了可能性。换言之，作为一种分析方法，博弈论完全可以而且已经被广泛应用于国际关系学、军事学、政治学、管理学和外交学等领域。

在法学领域，博弈论的应用亦方兴未艾。已经有学者利用博弈论分析破产法、公司法；有学者以明确的博弈理论模型考察审判前所发生的情况；有学者利用博弈论和信息经济学分析民事诉讼程序规则；有学者利用博弈论分析社会契约论等法理学思想等等。③

---

① 关于博弈论与经济学的关系，参见张维迎：《博弈论与信息经济学》，上海三联书店、上海人民出版社 2004 年版，第 6—7 页。

② 丁利：《作为博弈规则的法律与关于法律的博弈》，载［美］拜尔、格特纳、皮克著，严旭阳译：《法律的博弈分析》，法律出版社 2004 年版，第 1—11 页。

③ 有关博弈论在法学领域应用的基本状况，参见丁社教：《法治博弈分析导论》，西北工业大学出版社 2007 年版，第 3 页。

二、博弈论应用于警务行为研究的正面价值

博弈论与侦查行为之间原本就存在天然联系。历史上，关于侦查行为的分析曾经对博弈论的发展起到了重要推动作用。图克（Tucker）于1950年首次提出，后来被人们广泛引用、流传最广的博弈论经典模型“囚徒困境”，讲述的就是侦查中的故事：有位富人家中被盗，富人本人也被杀死在家中。警察在侦查过程中抓到了两名小偷，并从他们住处搜出了赃物。但是，两名犯罪嫌疑人完全否认杀人。他们辩解称，在其进入被害人家中时被害人已经死亡，他们只不过是偷了点东西。于是警察将两人单独关押，分别进行讯问。警察分别对两人说：“由于你们的偷盗罪已有确凿的证据，所以如果你们都坦白交代，可以判你们8年刑。如果你单独坦白杀人罪行，我判你无罪，立即释放，但你的同伙要被判9年刑。如果你拒不坦白，而被同伙检举，那么你就将被判9年刑，他判无罪，立即释放。”但是，还有一种结果是，如果两人都选择不坦白罪行的话，他们最多被判1年刑。该次博弈中的两人都有两种可选策略，根据他们各自可能的选择，总共可能会出现四种结果。如下图示：

囚徒1

		坦白	不坦白
囚徒2	坦白	−8，−8	0，−9
	不坦白	−9，0	−1，−1

对两名博弈参与者而言，博弈的最佳结果是都“不坦白”，而不是都“坦白”。不过，由于两个博弈参与者之间不能进行信息交流，并且假定各自都以自己的利益最大化为追求目标，都不会顾及对方的利益，并且双方都不敢相信或者寄望对方有合作精神而采取合作行动，因此最后只能实现不太理想的结果，或者说只能作出相对于其个人利益最大化而言的“次佳”甚至较差的选择。对一方来讲，无论对方做何种选择，对自己而言，“坦白”都是最好的。由于这种结果在博弈中必然会发生，很难摆脱，因此这个博弈被称为“囚徒困境”。[①] 出色的法律研究者可能会以“非法证据排除规则”来查找警察的瑕疵，但我们从这一模型中仍足以看到共犯彼此之间以及警察与犯罪嫌疑人之间策略选择的基本样态。

而且，由前可知，博弈论可以用于任何多主体之间的策略行为[②]——侦查正是这样一种行为。侦查的运行过程可以概括为若干参与者围绕案件真实情况进行的一系列证实与反证实活动的组合，或者直接抽象为一次博弈过程或者若干博弈的组合：[③]

其一，侦查至少存在侦查人员和作案人两方主体（在报假案的情形下，至少存在侦查人员和报案人两方主体），而有些措施如摸底排队所要审查的对象可能成千上万，因而侦查具有群体性。

---

① 参见范如国、韩民春编著：《博弈论》，武汉大学出版社 2006 年版，第 6—9 页。关于囚徒困境，后文还将涉及。

② 柯华庆：《法律博弈论如何可能》，载［美］格若赫姆·罗珀著，柯华庆、闫静怡译：《博弈论导论及其应用》，中国政法大学出版社 2005 年版，第 V 页。

③ 刘为军：《合作侦查博弈研究》，《中国人民公安大学学报（社会科学版）》2011 年第 5 期。

其二，案件的解决取决于侦查过程中各主体之间的互动，是这种互动而不仅仅是侦查人员的单方行动决定了侦查的结局，因而侦查具有互动性。[①]

其三，这些主体相互都清楚彼此间的互动性，会根据彼此的互动来决定自己的下一步行为，因而侦查具有策略性。

最后，侦查人员和侦查过程中的其他人员被认为是理性的，会按照最有利于自己的方式采取行动。据此，从研究内容来看，博弈论也以其自身方式阐明了侦查行为的本质，因而完全把博弈论纳入侦查行为或警务活动相关学科的理论基础体系当中。反过来说，侦查行为也应当成为博弈论的研究对象，为博弈论的理论抽象提供经验材料。

其实，如果我们能够独立于侦查主体的立场，换成第三人视角来观察任何一起案件的侦查全程，不难发现，从作出立案决定到最终侦查终结（撤销案件或移送审查起诉）的整个过程，完全可以抽象为众多侦查参与者之间的博弈过程。换言之，自始至终，侦查过程都可视为侦查人员与作案人、被害人、证人或其他行为主体的互动。据此，博弈是侦查的基本特征之一。[②]

总之，“博弈”这一概念形象地揭示了侦查行为过程中不同主体的能动性以及他们行为的动态性与复杂性。[③] 为此，利用发展较为成熟的博弈理论来研究侦查过程，将会给侦查理念乃至侦查模式带来全新的启发。从博弈角度深入探讨侦查过

---

① 刘为军：《浅论侦查的博弈特征》，《山东警察学院学报》2006 年第 1 期。

② 同上。

③ 从这个意义上讲，侦查行为本身只是侦查博弈的一个组成部分，侦查博弈是指整个侦查阶段所有参与人的互动，侦查行为只是众多互动行为之一种。因此，侦查博弈的准确意义并不仅仅把侦查行为看作一种博弈，更是把侦查行为作为侦查主体（博弈参与者之一）的行动来理解的。

程，必然会冲击传统侦查研究的基本模式：在传统的以侦查主体为中心的研究视野里，侦查过程的其他参与者只是被视为侦查行为对象的一部分；而从博弈论立场来看，这些博弈参与者与侦查主体具有或近似平等的主体地位，是这些主体的互动决定了侦查的结局，仅仅是侦查主体的行为不足以完成侦查的全过程并取得理想的侦查结果。这种视角可以帮助我们在研究过程中更深刻和准确地侦查行为的实质：

其一，从策略层面考虑，这种理念、模式以及分析方法带来的影响，无疑契合当前提高侦查效率的需要。目前的侦查实践面临着更严峻的现实困难。对于承担着主要取证责任的侦查机关来说，除了要直面犯罪的智能化、有组织化等发展态势以及犯罪总量增长之外，还必须正视国家法治进程加速的现实，许多过去可以采用的侦查措施因为涉及对公民人身权利、财产权利的强制将逐渐成为法治的“重点照顾对象”，法律对某些类型国家权力的约束力度可能会加大，而对诉讼的另一面即辩护方的取证权利则会给予进一步的鼓励和支持。但是很显然，国家和民众对打击犯罪、维护社会正义的需求不太可能下降，目前以发案率、破案率、起诉率和定罪率为主要指标的刑事犯罪控制水平距离民众的期望还有不小的距离。[①] 如何在新的犯

---

① 以破案率为例，2000—2005 年，公安机关公开发布的破案率分别为 45.2%、42.9%、44.4%、41.9%、42.5%、45.12%。参见《公安研究》2001 年第 7 期、2002 年第 7 期、2003 年第 7 期、2004 年第 7 期、2005 年第 7 期和 2006 年第 7 期发布的《全国公安机关刑事案件分类统计表》。这些数据可能并不准确，时任公安部部长助理的张新枫在 2004 年 6 月 10 日召开的全国刑警大练兵动员部署电视电话会议上介绍 2003 年的数据时即表示，数据没包括立案不实的因素，如果如实立案，估计全国目前刑事案件破案率可能在 30% 左右。参见 http://news.xinhuanet.com/comments/2004-06/15/content_1525680.htm，2004 年 12 月 1 日浏览。诚然，这是整体案件的破案率，各类案件的破案率则各有高低，一般而言，命案的侦破率要大大高于普通刑事案件。

罪形势和法治环境下提高侦查水平进而实现打击犯罪的目的，是摆在所有侦查机关面前的重大课题。而把博弈理念引入侦查，至少能为我们提供一种新的分析方法，为侦查方法武库增添新的工具。

另一方面，除了策略层面的分析外，从制度层面考虑，博弈论同样可以为侦查制度、政策的架构提供参考。“博弈内生规则”理论指明，制度既是博弈规则，也是博弈均衡。[①] 如果我们制定、调整甚至废除一项侦查制度或政策，那么必须尽量权衡该制度已经或将会牵涉的利益体，同时还要分析立法所达成的目标是否能够构成纳什均衡，并分析这些利益体未来能否在新制度下形成新的博弈均衡。就现状而言，侦查制度、政策领域还留有不少空白或薄弱之处，而大量既有立法被规避，在法律制度之下还有一套潜规则的运作，这实际上从反面论证了立法本身并未能达成均衡。[②]

三、博弈论在警务行为研究中的局限性

需要指出的是，警务活动归根到底是行政执法和刑事执法活动，尽管“我们可以说博弈论天生就是要来分析法律的”，[③] 但是我们也应当看到，博弈论在经济学领域以外还面临着应用

---

① ［日］青木昌彦著，周黎安译：《比较制度分析》，远东出版社2001年版，第5—22页。

② 刘为军：“侦查博弈论”，载何家弘主编：《新编犯罪侦查学》，中国法制出版社2007年版，第9章。

③ 柯华庆：《法律博弈论如何可能》，载［美］格若赫姆·罗珀著，柯华庆、闫静怡译：《博弈论导论及其应用》，中国政法大学出版社2005年版，第V页。

上的尴尬局面，因为："其一是缘于存在一种错误的观念，认为必须借助许多繁琐的数学手段才能应用它；其二是由于多数解析型博弈论的预测都不是基于观察到的事实。人们已多次意识到亟须实证的经验规律来充实博弈论。"[①] 同样地，在现阶段，利用博弈论来分析侦查行为和侦查过程，理论上也存在一些难以跨越的局限：

第一，理论模型中的博弈分析，往往有前置理论假设，而这些假设在实践中往往是不成立的。例如在非合作博弈论的分析中，为了使分析简单化、抽象化，它假定博弈的参与者都是个人主义的，都具有工具理性（个体被假定为自利地行动），个体之间是相互依赖的（博弈中任何个体的福利至少部分取决于博弈中其他博弈者的行动）。在这些理论假设之下，可以按照既定博弈模型寻求博弈的解。但是，正如有学者注意到的，"针对最近的博弈论模型以及它们在经济学中的应用，也有为数不少的批判被提出。特别是博弈论中工具理性的应用，从经验方面和理论方面都受到了极大的挑战"，"当预见结果依赖于'均衡之外会发生什么'的判断时，工具理性的假设常常会导致逻辑矛盾"。[②] 在应用博弈论研究侦查的过程中，这些问题同样会存在。

第二，博弈论理论上常用于分析多个主体之间的策略行为，但从实践来看，最有用的还是双主体策略行为分析。因

---

① ［美］科林·凯莫勒著，贺京同等译：《行为博弈——对策略互动的实验研究》，中国人民大学出版社2006年版，第3页。

② ［美］格若赫姆·罗珀著，柯华庆、闫静怡译：《博弈论导论及其应用》，中国政法大学出版社2005年版，第240页。诚然，在对上述理论假设进行批判的过程中，博弈论也在进行新的拓展，也在寻求更加完美的解决方案。

此，尽管在侦查全程，针对同一目标而实施的行动互动往往涉及三个或三个以上主体，但依然可以将其分解为多个双主体博弈，并适用针对两个主体策略行为的规则。当然，这会使侦查博弈分析数量有所增加，也可能更为复杂。①

第三，侦查学上关于博弈论的应用研究尚处于起步阶段，研究基础较为薄弱，还难以实现跨越性的发展。就已有研究成果来看，基本上只是提出侦查是一种博弈的主张，但对侦查是如何博弈，除了重述“囚徒困境”及其应用外，鲜有其他方面内容。

总之，侦查学自身研究的滞后及博弈论本身所做的理论抽象，使得博弈论在侦查实践中的应用举步维艰。更为重要的是，以数学为基础的博弈论建立了大量精细但并不“实用”的公式和模型，需要人们仔细品读，但侦查本身具有功利性，急于破案的侦查人员不会有耐心去钻研那些连许多专业研究者看着都发憷的复杂公式和模型。

值得庆幸的是，对于非博弈论专业人群来说，博弈论最重要的贡献不是构建了多少公式和模型，而在于它促进了人类思维的发展，促进了人类的相互了解与合作。在博弈论的理论假设中，人们具有个体理性，各有其思想，在行为前和行为时必须充分了解竞争对手的想法。② 在这个意义上，根据现有的研究基础，我们完全可以只借鉴博弈论的思维模式和基本结论，来分析侦查博弈的基本形态，并为侦查制度和政策的重构提供一些建设性意见。

---

① 刘为军：《浅论侦查的博弈特征》，《山东警察学院学报》2006 年第 1 期。也是基于这种考虑，后文阐述时事实上也对多方主体参与的博弈进行了一定简化处理。

② 范如国、韩民春：《博弈论》，武汉大学出版社 2006 年版，第 43 页。

所有博弈过程都可以纳入博弈论的研究视野，因此，通过上述关于博弈论在侦查行为研究中应用价值及其局限性的分析，我们同样可以得出以下结论：博弈论是警务行为研究的重要工具，可以为区域警务合作的研究提供非常有价值的分析思路。

第三章

博弈论视野下警务制度、政策构建的基本路径

单次警务活动博弈的博弈参与者涵盖面广，以侦查博弈为例，比较典型的侦查行为的博弈参与者大致可以包括：侦查组织与侦查人员；作案人与犯罪嫌疑人及其亲属；被害人及其亲属；证人与知情人；律师、鉴定人、见证人、翻译人员；其他因各种原因卷入个案侦查博弈的人员或组织。虽然警务活动是众多博弈参与者[①]相互竞争的是非之地，但究其本质仍属警察机构为社会公众提供的公共产品。

假使不通过外部规则设下执法界限或框架，那么，又如何能够避免执法机关内部（自然包括不同地区执法机关之间）以及执法机关与其他执法参与者不会在有限的执法期限内，过度竞争消耗而导致任务失败呢？或者说，执法博弈是否会因执法

① 关于这些主体间关系的详细论述，参见刘为军：《侦查中的博弈——侦查对抗与合作》，中国检察出版社2011年版，第8—24页。

机关的失误而演变为“公地悲剧”?[①] 如果有可能，又该如何避免呢?

在“公地悲剧”的博弈模型中，完全让牧民们依靠各自的理性来确定各自放牧的羊数，各自倾向于偷偷地增加放牧数量，在此理论假设之下所形成的纳什均衡[②]状态中，公地总饲养量将大于公地最优饲养量，导致草地被毁，牧民们最终也无法得到期望的更高收益。[③]

经济学上所说的“理性经济人”，或者政治学、法学上所说的“理性利益人”都是博弈分析的前提性因素，这一点是难以改变的。[④] 换言之，通过提升博弈参与者理性的方式来改变“公地悲剧”，这对决策者而言并非上佳选择。要改变“公地

---

① “公地悲剧”是关于牧民与草地的故事。当草地向牧民完全开放时，每一个牧民都想多养一头牛，因为多养一头牛增加的收益大于其购养成本，是有利润的。尽管因为平均草量下降，增加一头牛可能使整个草地的牛的单位收益下降。但对于单个牧民来说，他增加一头牛是有利的。可是如果所有的牧民都看到这一点，都增加一头牛，那么草地将被过度放牧，从而不能满足牛的需要，导致所有牧民的牛都饿死。哈丁指出：“在共享公有物的社会中，每个人，也就是所有人都追求各自的最大利益。这就是悲剧的所在。每个人都被锁定在一个迫使他在有限范围内无节制地增加牲畜的制度中。毁灭是所有人都奔向的目的地。因为在信奉公有物自由的社会当中，每个人均追求自己的最大利益。公有物自由给所有人带来了毁灭。”由于这样的个体行为是可预见的，并且将持续发生，因此哈丁称之为“悲剧”，即“持续进行、永无休止的悲剧”。从哈丁的假设出发，可以发现追求自我利益的行动并不会促进公共利益。参见 http：//baike. baidu. com/view/1532031. htm，2011 年 9 月 30 日浏览。

② 均衡是指所有参与者最优策略或行动的组合。这一定义源自纳什，因而也称为“纳什均衡”。在均衡状态下，任何一个参与者的最优策略通常都依赖于其他参与者的策略选择，即对其他参与者策略的最优反应。所谓“最优反应”，是指选择该策略带给采用它的博弈参与者的利益或期望利益，大于或者至少不小于选择其他任何策略能够带来的利益。参见解识予：《纳什均衡论》，上海财经大学出版社 1999 年版，第 25 页。

③ 刘为军：《论侦查制度、政策构建的基本路径》，《山东警察学院学报》2012 年第 2 期。

④ 即便设定为最贴近社会现实的复杂人假设，只要不能得出所有人都具有利他主义本质的结论，那么对于解决“公地悲剧”并无多大助益。以上各种人性理论假设，参见刘为军：《侦查中的博弈——侦查对抗与合作》，中国检察出版社 2011 年版，第 113—117 页。

悲剧”的结局，关键在于能否改变其前提性因素或制度性因素。[①] 通过制度或政策对处在“公地悲剧”或相似处境的博弈参与者加以制约，显然已经成为走出这类悲剧的重要条件之一。

侦查制度是警务制度的重要组成部分，它在最近的一次刑事诉讼法修改过程中曾成为争议的焦点。众多利益主体参与其中，争论不休，甚至在某些问题上形成了针锋相对的看法。[②]

面对犯罪新形势，立法机关、执法机关和司法机关也在不断制定和更新警务制度。在这一背景下，从新的研究视野探讨警务制度、政策构建的一些基本问题，无疑有其现实意义。[③] 鉴于侦查制度在警务制度中的重要地位，同时也为了使论述更为集中，以下主要以侦查制度为例展开论述。

一、警务制度、政策制定及运行过程中的博弈

博弈最常见的分类是合作博弈和非合作博弈，相应形成了合作博弈论和非合作博弈论。两者的主要区别是所研究的行动参与人的行为在相互作用时，能否达成一个有约束力的协议。合作博弈强调团体理性、效率、公正和公平，而非合作博弈强调的是个人理性和个人最优决策，其结果可能是有效率的，也

---

① 丁社教：《法治博弈分析导论》，西北工业大学出版社 2007 年版，第 53 页。

② 典型的例子是关于应否规定沉默权的争议，学界和实务界的主流观念截然相反。

③ 刘为军：《论侦查制度、政策构建的基本路径》，《山东警察学院学报》2012 年第 2 期。

可能是无效率的。[①]

然而，或许有些令人沮丧的是，作为博弈论主轴的“囚徒困境”以及曼瑟尔·奥尔森提出的“搭便车困境”都揭示了人类在合作与协调问题上的令人沮丧的前景：[②]

囚徒困境式的纳什均衡已经是众多论著经常引用的经典案例，它所达成的均衡显然不是顾及团体利益的帕累托最优解决方案。[③]

“搭便车博弈”也叫“智猪博弈”，基本情况如下：猪圈养着大小猪各一头。在猪圈的一侧有一个踏板，只要踩一下踏板，就会从远离踏板的猪圈另一侧投食口掉落少量食物。一旦有猪去踩踏板，则另一头猪就有可能跑到另一侧去抢吃掉落的食物。而且，如果是小猪踩动踏板，那么大猪食量大，会在小猪踩踏板后跑到食槽之前就吃光所有食物；而如果是大猪踩动踏板，那么在小猪吃完食物之前，大猪就有可能跑到食槽，有机会吃到残羹。在此情况下，它们各自会采取何种策略呢？这一博弈模型的答案非常明显，即：大猪为了吃上一点残羹，不停往返奔忙于踏板和食槽之间，而小猪则可以选择“搭便车”，在食槽边静候享受。原因很简单，小猪如果踩踏板则一无所获，不踩反而能有收获，即可不劳而获。所以，不管大猪是否

---

① 需要说明的是，合作博弈和非合作博弈的这种差别并不意味着合作博弈论排除个体之间的合作，相反，基于个体主义和理性的要求，在满足自利时，合作也会发生。

② [美] 道格拉斯·C. 诺思著，杭行译：《制度、制度变迁与经济绩效》，杭行译，格致出版社、上海三联书店、上海人民出版社 2008 年版，第 17 页。

③ 帕累托最优（Pareto Optimality），也称为帕累托效率（Pareto Efficiency）、帕累托改善等，是博弈论中的重要概念，是指一种变化，在没有使任何人境况变坏的前提下，使得至少一个人变得更好。而帕累托最优的状态就是不可能再有更多的帕累托改进的余地；换句话说，帕累托改进是达到帕累托最优的路径和方法。帕累托最优是公平与效率的“理想王国”。

踩踏板，对小猪来说最好的选择总是不踩踏板。既然知道小猪的最佳选择是不去踩踏板，那么对于大猪来说，最好的选择就剩下踩踏板，总比不踩强。①

搭便车博弈的启示在于，对于竞争中的弱者来说，等待可能是最佳策略。不过，从社会层面来讲，让能力较弱的一方搭便车而不参与竞争，所产生的社会资源配置结果并非我们所要追求的最佳状态。尤其是在提供公共产品的公共服务领域，因为公共产品本身具有共享性，如果不作出任何贡献的人也可以获得公共产品，将导致公共产品的实际提供者退出产品生产，最终使公共产品得不到提供，从而让所有人都无“便车”可“搭”。

从“囚徒困境”中我们可以明白，合作是有利的“利己策略”。在“囚徒困境”中的最佳策略取决于对方采用的策略，特别是取决于这个策略为双方合作留出多大的余地。根据合作博弈论，合作的一个很重要的原因在于博弈是重复进行的。在“囚徒困境”中，参与者会受到背叛（坦白）的短期诱惑，但是通过与对方建立长期的合作的模式，可以获得更多的长期的好处。但是，执法活动中，博弈参与者的关系大多是一次用尽的，最典型的例子就是执法主体与执法对象的关系，多数执法主体与执法对象可能不会再次相遇，至少不会在同类事项上再次相遇。但也有例外，即同样作为博弈参与者的警察机关内部成员，作为个体的警察与其同事可能需要长期相处，甚至多次共同参与执法。对于今后可能不再相遇的博弈参与

① 关于“智猪博弈”的介绍，参见 http：//baike. baidu. com/view/2486415. htm，2011 年 10 月 1 日浏览。

者，双方要达成合作，更多地靠有约束力的双方协议，而协议的约束力来源于双方的信任和外部制度的约束。[①] 所以，要破解“囚徒困境”，就要跳出这个模型本身，从更高的层面上给予制度性的约束。

同样地，智猪博弈式的搭便车现象，也会投射到现实中来。例如，有些地方公安机关的警务资源共享领域就出现了搭便车博弈式的困境。尤其是那些前期投入较大警务资源、情报信息工作领先的地区，对于与工作相对落后地区的信息共享积极性并不会太高。再比方说，如果在专案侦查时，有的专案组成员消极怠工或者某些工作组人浮于事，但在破案后的论功行赏中却一起吃大锅饭，这对那些积极工作的侦查员具有极大的负面激励效应。

搭便车博弈的结局，与故事游戏规则的设置有关。一旦规则改变，博弈的结局也会发生变化，有可能获得更公平的方案。博弈论曾经进行过的修改主要包括对投食量、踏板与食槽之间距离的修改：1. 减量。只投放原先量一半的食物。这种方案的结果是，无论大猪还是小猪去踩踏板，另一头猪都会把落下的食物吃完，因此无论对哪头猪来说，最好的选择都是不去踩踏板，最终的结果就是都不去踩踏板。2. 增量。将投放食量扩大至原先量的一倍。这种方案的结果是，由于无论谁踩踏板，投放的食量都足以保证自己有食物可吃，因此，它们只要想吃，就会有意愿去踩踏板，由此也导致双方不会有很强的竞

---

① 合作博弈理论设定了合作博弈的几个要点：其一，存在共同利益是合作博弈的前提；其二，存在必要的信息交流；其三，博弈参与者之间自愿、平等和互利；其四，存在经谈判后缔结的强制性契约。参见侯光明、李存金：《管理博弈论》，北京理工大学出版社 2005 年版，第 14 页。对此，后文还将进行进一步分析。

争意识。3. 减量加移位。该方案将投食量减为原先量的一半，同时把投食口移近踏板，猪在踩踏板后可以吃上食物，多劳者多得，等待者不得，致大猪和小猪只要想吃上食物就必须自己去踩踏板，由此形成两者拼命抢着去踩踏板的结局。[①] 不同的方案所得出的结局完全不同。

游戏设计者将其最初意图渗透到修改方案之中。不过，不管游戏设计者倾心于哪种方案，哪一种方案更符合其内心的公平标准，方案修改本身至少能够说明，通过修改博弈参与者行动的共同规则，以不同方式规范其行为，是能够取得良好的激励效果的。[②]

当然，如果不设置外部规则，而小猪和大猪之间能够达成协议，比如大猪对小猪作出承诺："你去踏踏板，我保证只吃7 单位，给你留下 3 单位。"如果大猪信守承诺，则小猪去踏而大猪坐享其成，小猪将得到 3 单位，扣除劳动耗费 2 单位，实际上净赢利 1 单位。但是，大猪是否能信守承诺，小猪如何确保大猪信守承诺，同样需要制度或政策来加以保障。[③]

通过"囚徒困境"和"搭便车困境"的博弈模型及其解决方案可以看到，有必要从制度或政策层面来对博弈进行制约，而且这么做也有其可行性。[④] 前文已述及，合作博弈的关键在于博弈各方参与者之间能够达成一个稳定协议。因此，假

---

① 三种修改方案，参见 http://baike.baidu.com/view/2486415.htm，2011 年 10 月 1 日浏览。

② 刘为军：《论侦查制度、政策构建的基本路径》，《山东警察学院学报》2012 年第 2 期。

③ 同上。

④ 如果从比较纯粹的法学视角出发，侦查制度和政策的完善也是完全必要的，它是执法规范化的必要保障。详细论述，可以参见何家弘、刘为军：《论侦查行为的规范化》，载郝宏奎主编：《侦查论坛》（第 4 卷），中国人民公安大学出版社 2005 年版。

使能够把约束各方参与者的行为选择的协议转变成他们不能自主决定的制度性规范，则这些规范可以起到促进合作、实现集体理性的作用。[①]

需要说明的是，现代博弈论研究的主要是非合作博弈，著名博弈论学者纳什、海萨尼和泽尔腾等人的主要贡献在非合作博弈，除专业研究者外，关注合作博弈的人比较少，究其原因，可能是因为一切社会和经济关系的基础是竞争，竞争是促进社会和经济发展的主要动力，而合作往往是有条件的，而且很难持续存在。此外，合作博弈的契约约束与博弈论的理性最大化之基础假设相矛盾。最大化个人效用是博弈论的研究出发点和对参与人行为的基本假设，对策行为是博弈论的研究对象。但是如果当事人之间达成的协议要具有约束力，除去因协议符合各方的最大化追求而得到“自我实施”之外，只有借助于外来力量迫使当事人遵守协议。这样至少使其中一方的最大化要求得不到满足。理性最大化的当事人预见到协议将可能违背其追求目标，而不制订这样的协议。所以，在博弈论的理论模型中，合作博弈假定存在这样的协议在逻辑上是矛盾的。[②]

---

① 参见魏建：《博弈、合作与法律》，《山东社会科学》2001 年第 3 期。

② 本书不强求合作博弈和非合作博弈的绝对硬性区分，而更侧重博弈参与者之间的合作或非合作的态度或立场，因为，从理论上讲，“将合作和非合作博弈之间的区分应用于博弈的表示而不是博弈本身更为合适。博弈的表示标准地应识别出行为人及他们的策略，以及其他一些事情。在博弈的非合作表示中，行为人是个体，或者被当作个体处理的团体。在博弈的合作表示中，行为人是个体的联盟，包括单成员的联盟。……单个博弈可以同时得到合作和非合作两种表示。具有合作表示的博弈可以表示为一种非合作博弈，方法是将联盟的策略减少到个体策略的组合。一般而言，这一减少要求将单阶段合作表示的博弈处理为多阶段非合作博弈，其中个体在实现一种联盟结构和联盟的联合策略之前要提出合作提议，反提议，如此继续。在博弈的非合作表示中，策略组合赋予联盟各成员的策略构成了博弈的合作表示中的联盟的策略”（引自［美］保罗魏里希，黄涛译：《均衡与理性——决策规则修订的博弈理论》，经济科学出版社 2000 年版，第 11 页）。换言之，合作和非合作有时是相互包容和转化的。

但从另一方面来说，虽然存在这样的矛盾点，但把博弈论投射到现实生活当中时，由于完全符合博弈论理论假设（最大化个人效用）的情形未必存在，因而合作博弈中的协议不仅可能存在而且可能是大量存在，由此也能解释现实生活中并不罕见的合作行为。退一步讲，即便博弈论的理论假设完全成立，要避免双方在斗争中消亡，则必须要有外部规则的制约，博弈论对双方非合作博弈行为的解释，同样可以为外部规则的设置提供依据。

总之，制度性规范（包括制度或政策）提供了一种社会稳定机制，它能够以这种稳定机制为基础，在发生互动的人与人之间形成一种信任和预期，从而实现从非合作博弈到合作博弈的转变，进而将合作博弈固化下来，并对社会类似博弈事件形成同样的引导和调控效果。[①]

二、警务制度和政策构建的基本路径

警务制度在广义上泛指所有关于警务活动的组织、程序、人事等方面的规则体系。狭义上的警务制度概念一般不包括人事制度，而主要指规制具体警务执法行为的规则体系，如关于警察权、执法程序等的规定。由于具体的警务执法行为并不仅

① 刘为军：《论侦查制度、政策构建的基本路径》，《山东警察学院学报》2012 年第 2 期。

仅受作为执法依据的这些规则的影响，[①] 因此，如无特别说明时，本书采用的是广义警务制度概念。

很少有人直接定义警务政策。单就政策的概念来说，科尔巴奇曾指出，政策具有三个核心要素，包括秩序、权威和专门知识：[②] 首先，政策与秩序有关。政策设置了政策对象的行为限制，同时使他们免于选择。其次，政策依赖权威，权威为政策提供合法性，政策利用权威并通过等级原则联结的组织自上而下贯彻。第三，政策意味着专业知识，即政策总是与一些公认的实践领域包括问题领域和解决问题的领域有关，每项政策背后可能都有一套专业知识的支持和评价。根据这一解释，可以认为，政策总是和政府、政党或其他组织的管理秩序有关，是它们基于影响其决议、行动或出于其他目的而实施的行动计划或行为过程，也是指导其管理职能范围内事务的一般原则，如政府对公共事务管理适用的一般原则或策略，即所谓公共政策。[③] 从这个意义演绎出来，所谓的警务政策，主要是指警务机关指导其警务活动的一般性原则或策略。[④]

---

① 研究已经表明，警察的执法行为容易受到作为执法依据之外的其他因素的干扰，例如关于侦查行为的发动，就有许多其他制度或非制度因素的影响。参见杨士隆、王文忠、程进闰：《刑事警察人员侦查发动之决意历程、破案关键因素之研究》，《中央警察大学警学丛刊》2004 年第 3 期。

② 参见［英］H. K. 科尔巴奇著，张毅、韩志明译：《政策》，吉林人民出版社 2005 年版，第 12—14 页。

③ 刘为军：《论侦查制度、政策构建的基本路径》，《山东警察学院学报》2012 年第 2 期。

④ 国内有关警务制度特别是侦查制度的研究可谓汗牛充栋，但有关警务政策包括侦查政策的研究尚未浮上水面。这或许与理论上对警务领域的一贯态度有关，即认为这个领域无理论或者研究层次太低；而在侦查政策的研究领域，或许是因为刑事政策的研究往往与刑法的修改为终结点有关，而侦查领域似乎与此目标无关。除侦查政策外的其他警务政策，基本上公安领域自说自话。刘为军：《论侦查制度、政策构建的基本路径》，《山东警察学院学报》2012 年第 2 期。

制度和政策在本质上属于一种规则，目的是减少规制对象行动中的不确定性。实际上，作为合作博弈关键的协议就是一种规则。据此，从博弈论特别是合作博弈论视角来观察、评判警务制度、政策，有助于我们发现警务活动参与者互动背后的规则建设及运行的原动力。

制度与政策在促进合作上具有重要作用，但首先需要解决的一个问题是制度和政策是如何形成的。以制度为例，从制度的生成上讲，制度是社会成员共同同意的结果，是一种契约行为。参与决策者在达成协议时，清楚地知道自己在契约中的利益和主体位置不同，但是当在社会中就某项法律规则进行表决时，人们并不知道自己将来在该规则约束下的利益和主体位置。人们将来在规则约束下的位置具有不确定性，规则可能对自己不利，也可能有利。处于“无知的铁幕”下，人们会以集体理性的立场来讨论和选择规则。①

综上所述，在对“囚徒困境”、“公地悲剧”和“搭便车博弈”等现象的高度抽象和比较中，博弈论形成了结论：理性的个体难以自发实现合作，因而最终无法实现帕累托最优结局的结论。② 不过，如果从动态博弈③角度出发，全面分析博弈参与者行为之间的相互牵制和约束，人们还会发现，一旦具备某种或某些条件，囚徒会进行合作，放牧者会自觉控制自己的饲养量，而小猪也会更主动地去踩踏板。据此，可以形成一种博

① 魏建：《博弈、合作与法律》，《山东社会科学》2001 年第 3 期。

② 刘为军：《论侦查制度、政策构建的基本路径》，《山东警察学院学报》2012 年第 2 期。

③ 博弈可以分成动态博弈和静态博弈。动态博弈又称为“先来后到博弈”、“多阶段博弈”、“相继发生的博弈”。在这种博弈类型中，博弈各方的选择和行动不仅有先有后，而且后选择、后行动的博弈方在自己选择、行动之前，可以看到其他博弈方的选择、行动，甚至包括自己的选择和行动。

弈时适用的规则，它既能够得到博弈参与者的自觉遵守，又能成为人们的共同信念。这是走出这些困境和悲剧的路径，而这就是“博弈内生规则”。诚如有的学者所指出的那样，“在一切社会，从最原始的直至最先进的，人们无不在自己身上施加种种约束，以此来为自己与他人的联系提供结构”。[①] 进一步说，“一个稳定的社会契约中的规则，对于生活中的博弈，可以成功地基于均衡来协调我们的行为”。[②]

然而，“自生自发的路径，可以但不一定产生出有效率或者说高效率的社会秩序”。[③] 而且，“这个社会经济秩序的驻存和演化的历史中，如果任由各社会内部的自生自发力量和秩序在那里生长和发育，一个社会可能会由于秩序变迁中的‘路径依赖’和‘锁入效应’而在同一个秩序层面上不断地自我复制和‘内卷’，从而可能在很长的时间中甚至永远也不可能自生自发地生发出哈耶克所理解的那种‘人之合作的扩展秩序’来”。[④] 换言之，“博弈内生规则”往往需要经过长期演化才能形成，甚至会因为社会秩序发展中的“路径依赖”[⑤] 和“锁入

---

① ［美］道格拉斯·C. 诺思著，杭行译：《制度、制度变迁与经济绩效》，格致出版社、上海三联书店、上海人民出版社 2008 年版，第 50 页。

② ［英］肯·宾默尔著，李晋译：《自然正义》，上海财经大学出版社 2010 年版，第 9 页。这里所指的社会契约是有所特指的，指的是一个社会的公民以协调他们的行动的一套共同认识的集合。根据肯·宾默尔的阐述，一个稳定的社会契约不需要任何黏合剂。

③ 韦森：《社会秩序的经济分析导论》，上海三联书店 2001 年版，第 148 页。

④ 同上书，第 144 页。

⑤ 路径依赖（Path－Dependence），又译为路径依赖性，最早因道格拉斯·诺思而闻名，它的特定含义是指人类社会中的技术演进或制度变迁均有类似于物理学中的惯性，即一旦进入某一路径（无论是“好”还是“坏”）就可能对这种路径产生依赖。一旦人们做了某种选择，就好比走上了一条不归之路，惯性的力量会使这一选择不断自我强化，并让你轻易走不出去。

效应”[①] 而变得遥不可及，从而让人们试图走出“囚徒困境”、“搭便车困境”和“公地悲剧”的期望化为泡影。可见，在博弈中完全等待“博弈内生规则”来制约博弈参与者之间的无效率行为，是不太现实的。[②]

由于公安机关职权的广泛性，警务种类较多，警务活动博弈类型因而也呈现多样化。但是，除了比较稳定的搭档（如同属一个小组或者实行搭档制的侦查人员）、组织较为严密的犯罪集团等之外，对大多数博弈类型的参与者来说，它们之间的互动时间较为短暂，今后也不会再次相遇，因而既无动力也无机会去构建互动规则，即规则难以自发形成。据此，对这类博弈参与者施加有效制约的规则应当主要来源于博弈参与者之外。警务活动中的博弈就属于这种情形。因为警务提供的是公共服务，所以应当由国家通过其代理人来外置规则。正如有学者从无名氏定理中得出的结论，“存在外部强制时，理性的参与者能够达成的任何契约，在无限重复博弈中，都是一个可行的均衡结果”。[③]

---

① 根据汪丁丁教授的阐述，锁入效应是指，凡是具有规模经济效应或“收益递增”效应的社会生产过程，其中的每一个生产者都会不得不追随“主流”。锁入效应会带来“锁入”风险，即由于追随了与未来主流的制式不同的制式而不得不在未来重新购置资产（或物品）所支付的代价。参见汪丁丁：《锁入效应与英雄史观》，http：//www. china-review. com/gao. asp? id =9805，2012 年 5 月 1 日浏览。

② 刘为军：《论侦查制度、政策构建的基本路径》，《山东警察学院学报》2012 年第 2 期。

③ ［英］肯·宾默尔著，李晋译：《自然正义》，上海财经大学出版社 2010 年版，第 139 页。这里所说的无名氏定理是指在重复博弈中，只要博弈人具有足够的耐心（贴现因子足够大），那么在满足博弈人个人理性约束的前提下，博弈人之间就总有多种可能达成合作均衡。存在无穷多对有限自动机策略，可以成为无限重复博弈的平衡点，并同时实现双方的合作。无名氏定理之所以得名，是由于重复博弈促进合作的思想早就有很多人提出，以致无法追溯到其原创者，于是以“无名氏”命名之。参见 http：//wiki. mbalib. com/wiki/%E4%BD%9A%E5%90%8D%E5%AE%9A%E7%90%86，2013 年 1 月 2 日浏览。警务博弈中，即便重复博弈不成立，但依然有合作的存在空间，对此后文将展开阐述。

仍以侦查领域为例，侦查制度正是对侦查行为施加的外部约束和限制，也是侦查博弈的部分参与者（主要是侦查人员、证人、鉴定人员、翻译人员等）的博弈规则。侦查制度来源于法律法规，本身也是法律法规的一部分。由于侦查是刑事诉讼的一个阶段，因而其侦查制度的来源主要是广义的刑事诉讼法。但不管制度的来源如何，至少在形式上，它们都是外部有权主体强加于博弈参与者的规则，而非自博弈参与者之间自发产生。[①] 而对于其他警务活动（如行政执法等）来说，也将出现类似于侦查（即刑事执法）的制度需求和规则创制。

一项法律制度可以衍生出一套博弈规则。值得注意的是，那些外部强加于博弈参与者的制度或政策，本身也是多方利益主体通过立法或类似程序博弈所形成的结果。博弈各方所属或所代表的利益群体，通常都会参与制度或政策的制定过程，竭力争取有利于自己的规则系统。这个过程中的斗争、合作与妥协并不亚于在这些规则框架下的博弈，甚至更为复杂。假设某个阶层认为规则对其不利，但因没有渠道参与规则制定，不能成为立法（或规则制定）博弈中的一方当事人，无法把利益主张反映到该规则当中去，那么这样制定出来的制度和政策将缺乏信任基础，有可能会是阻碍平等主体之间开展合作的障碍。也就是说，在这样的规则约束下，利益未得到制度和政策支持的主体与其他主体的合作成本很可能会高企至合作无法开展的程度。[②]

---

① 刘为军：《论侦查制度、政策构建的基本路径》，《山东警察学院学报》2012 年第 2 期。

② 同上。

为此，在制定警务制度、政策时，必须避免该制度、政策被部门利益化，避免只反映某一方的利益。制度和政策的公信力问题，是摆在决策者和参与者面前的重大问题。①

值得一提的是，在构建新的警务制度和政策构建时，还必须认真考虑如何正确看待既有制度和政策的问题。“要面对这样的事实，必须要认识到，有时如果一个社会还没有预备好就急着变革的话，那是毫无意义的，甚至会起到相反的效果。如果有人在古希腊时期就提出废除奴隶制的话，会有什么成效吗？在那个时候，连亚里士多德都认为野蛮人天生就是做奴隶的料。……我认为改革家们需要思考一系列的问题，而不是向这些风车挑衅。这些问题包括，运行于当前社会的社会契约的本质是什么——改革家们需要对此做一个准确而讲求实际的评估。以及如果可以使用目前手上不同程度的权力来推动改良，这个社会契约有可能会向哪些契约转化。只有当这些可行性的问题经过严肃思考后，要问什么是最优的社会契约这个问题才有意义。”② 因此，在分析某项现行规则时，我们应当明白制度变革有何意义，以及“破旧立新”有何价值。

郑也夫教授还曾指出，“即使你真切地认识到现存事物中的缺陷，今天就破除它也绝非意味着必能有更好的东西应运而生。树立不起新的（真正有生命力的而非乌托邦式的计划）东西，却急于破坏传统，要么是做无用的功——传统像孙行者的

---

① 不同利益群体如何在博弈中生成制度或公共政策，公共管理学领域已经做了大量细致深入的研究，本书不再涉及。

② ［英］肯·宾默尔著，李晋译：《自然正义》，上海财经大学出版社2010年版，第22页。

脑袋砍掉一个又复生一个，要么是新的未产生，旧的规范也丧失了，甚至导致更糟糕的东西出场”。[①]

总之，制定警务制度和政策之前一定要严格论证，必须充分评估出台的时机以及将来的执行效果，决不能拍脑门决策，玩概念，什么时髦提什么，为改革而改革。鉴于此，在制定任何制度和政策时，最好都能有相关利益群体的广泛民主参与，应当认真听取利益相关方的建议。

三、制度、政策的核心：有效制约

制度和政策的功能在于规制或约束。制度和政策的规制或约束主要体现在以下两个方面：一是禁止性规定，不允许人们从事某种活动；二是授权性规定，规定在何种条件下何种主体可从事何种活动。从这个角度来看，制度或政策提供的是人类交互行为的框架或平台。

制度和政策如何发挥对社会互动的影响力呢？“一个简单的回答是，通过建立规则来引导规则的社会行为者进行策略决策。这意味着，如果制度成功地构建了我们之间的互动，它们必须有一些机制以确保我们遵守它们。制度通过如下两个机制来共同构建社会互动和保证行为人遵守规则：（1）提供关于其他行为人选择的信息；（2）其他行为人对不遵守规则给予制裁

---

① 郑也夫：《代价论——一个社会学的新视角》，生活·读书·新知三联书店1995年版，第110页。

的威胁。”[①] 也就是说，在制度和政策所设立的规则体系下，各方参与者都知悉规则内容（即具有关于规则内容的共同知识），都能够期待其他参与者会以符合规则之方式行事，而且当有人违反规则时，其他博弈参与者有能力找到对违规者进行惩罚的办法，即存在救济渠道。[②]

以上两种机制，深刻反映着警务制度和政策的核心议题：其一，制度和政策所规制的对象不是独立的个体，而是相对广泛的群体，个体已知其他个体在相同制度、政策环境下是如何选择行为的，换言之，个体对制度、政策内容是知悉的；[③] 其二，制度、政策之所以有效，在于其惩罚机制能够对博弈参与者形成有效制约，规则明示的惩罚内容以及惩罚的决心，才是制度实施贯彻的真正保障。[④]

在此，有必要提到博弈论上的“边缘政策”。所谓“边缘政策”，是指通过比较极端方式获取有效制约效果的策略模式。博弈参与者采取措施，给对手制造风险，并使风险达到让对手难以承受的程度，就能够迫使对手按照风险制造者的意愿行为，以此化解风险。这种策略的本质在于有意识制造让对方难以承受的风险。[⑤] 换言之，在某个具体案件中，对对手实施边缘政策时，要使对手能够被迫遵守施策者的意图，则施策者必

---

① ［美］杰克·奈特著，周伟林译：《制度和社会冲突》，上海人民出版社 2009 年版，第 56 页。

② 刘为军：《论侦查制度、政策构建的基本路径》，《山东警察学院学报》2012 年第 2 期。

③ 刘为军：《论侦查中的风险决策》，《山东警察学院学报》2011 年第 2 期。

④ 刘为军：《论侦查制度、政策构建的基本路径》，《山东警察学院学报》2012 年第 2 期。

⑤ ［美］阿维纳什·K. 迪克西特等著，王尔山译，：《策略思维——商界、政界及日常生活中的策略竞争》，中国人民大学出版社 2002 年版，第 171 页。

须展现出“可置信的威胁”，即让对手感受到如果不遵守施策者之意图，则一定会有“威胁”即不利后果发生。[①] 边缘政策实际上是策略的一种极端，一般不会被轻易采用，但边缘政策表明，能够促使博弈参与者采取合作姿态，最终依赖于让对方确信的风险。同样地，就制度和政策而言，“制度必须具有可置信的足够的威慑力和强制力，才可促使博弈各方选择合作策略”。[②]

什么样的威胁才能称之为“可置信的威胁”？有学者认为，“一个威胁有效的前提条件是必须有说服力，而说服力取决于两个方面‘力量’和‘可信度’。力量是指作出许诺或威胁的人具有（明显）能力，使得所作出的许诺和威胁力度足以让对方遵守好的行为。可信度是指，对方相信所作出的许诺或威胁将被真正执行”。[③]

在现实生活中，那些阻止我们违背社会契约的惩罚，有时可能很轻微，例如，在专案组内，起初有的侦查员勤奋积极，有的侦查员则消极怠工，可能仅仅是专案组领导的语言暗示，或者同事的冷眼相对，就会让消极怠工者出于改变自己在他人心目中的形象的目的，而有意识地转向积极作为。[④] 不过需要指出的是，这类惩罚不太可能对侦查员的积极侦查和彼此的协力合作形成稳定、常态化的支撑，更谈不上是常规语义所说的“可置信的威胁”。在博弈论看来，“可置信的威胁”必须外化

---

① 刘为军：《论侦查中的风险决策》，《山东警察学院学报》2011 年第 2 期。

② 丁社教：《法治博弈分析导论》，西北工业大学出版社 2007 年版，第 58 页。

③ ［美］托马斯·谢林著，王永钦、薛峰译：《承诺的策略》，上海世纪出版集团 2009 年版，第 3 页。

④ 刘为军：《论侦查制度、政策构建的基本路径》，《山东警察学院学报》2012 年第 2 期。

为具有可期待性的制度或政策。换言之，“可置信的威胁”必须包含责任在内。例如，对于作案人潜逃的恶性案件，公安机关往往会在作案人可能隐身的地方下达社区清查任务。例如熊振林案件，当警方认为其将通过武汉外逃时，就要求武汉全警动员，对辖区进行清查，且清查工作必须细致认真，如果警方清查期间犯罪嫌疑人曾在本地停留而负责清查该社区的民警未能发现线索的，必须承担一定的具体责任。[①] 这种清查工作和摸底排队工作一般都采取分工协作方式，专案指挥人员很难直接监督一线民警。因此，在此种情形下，通过事后追究责任方式来提供“可置信的威胁”，也算是一项价值较高的博弈规则。

“可置信的威胁”形式多样，因应具体环境和条件而有所区别。例如，根据法律规定，证人作伪证，侦查人员刑讯逼供，都有可能使其遭受法律严惩。法律或政策上施加的惩罚，有时可能只是增加了博弈参与者本就难以避免的惩罚：“抗拒从严”的刑事政策就是在犯罪嫌疑人拒不交代时适用的罚则。但是，有一个问题值得深思，有些人，如明知自己难逃极刑的犯罪嫌疑人，控诉方加大求刑的力度，这显然难以成为“可置信的威胁”，那么对于这些人，什么样的威胁才是“可置信的”呢？对此，我们认为，“可置信的威胁”

---

① 熊振林案件的基本情况：2009 年 1 月 4 日晚，随州市曾都区洛阳镇九口堰村八组发生一起特大凶杀案，犯罪嫌疑人熊振林因矛盾纠纷将九口堰村民朱某等八人杀死后潜逃。1 月 5 日，熊振林乘车离开随州，直奔海南海口，然后到达三亚。1 月 6 日，公安部向全国各地公安机关发出通报，发布 2009 年第三号 A 级通缉令，全国通缉随州凶案嫌犯熊振林。1 月 10 日 14 时许，熊振林乘坐长途汽车潜回武汉，从纸坊下了高速。1 月 11 日，熊振林在武汉一照相馆照相，离开后店主报警。数小时后，民警在武汉发展大道街边一个露天废品收购站抓获熊振林。案例引自刘为军：《论侦查制度、政策构建的基本路径》，《山东警察学院学报》2012 年第 2 期。

既包括“严厉惩罚的不可避免性”，还包括博弈参与者所关切的其他利益。

诚然，制度设计得再精密，也无法保障所有违法者都不漏网。我们事实上也不能期待所有警务领域博弈的参与者都采取合作立场，我们所能期待的是，通过制度的设置，尽可能促进合作。

上述分析并没有涉及制度、政策本身的可行性问题。也就是说，制度、政策的威慑力还根源于制度、政策自身的可行性或可操作性。制度和政策本身必须是可以实施的，不是其规制对象本身绝对无法接受的，例如我们不能期待通过侦查制度的设置让侦查人员侦破所有案件。制度、政策的可行性在某种程度上可以转换成制度、政策的科学性。科学性与博弈论的理论阐述并不相悖：一方面，科学的制度和政策必须考虑到制度和政策的有效制约问题，不考虑约束性的制度和政策不具有可行性；另一方面，制度、政策制约之有效性根植于制度、政策自身的可行性或科学性，制度、政策体系的设计如果不能让其规制对象中的大多数都能自觉遵守，则制度、政策迟早会走向崩溃。

综上所述，制度、政策构建的核心问题在于如何通过制度、政策本身的明确性和科学性，向制度、政策的规制对象展示违背制度、政策的惩罚性后果，并使其深信这种后果的不可避免性。

诚然，在某种亚文化状态下，例如犯罪集团内部也可能会产生一些非正式规则（也可能是明文规则），即“在自我实施制度里，也可能会建立非正式的制裁来惩罚那些不遵守规则的行为”,[①] 这种内部非正式规则显然对刑事执法是不利的，因为其有利于犯罪嫌疑人内部团结而必然削弱法律及执法者对他们的威慑力。警察机关内部其实也存在类似的非正式规则，既有正面的警察文化层面的，也有负面的警察亚文化层面的，其对警务活动的影响不尽相同，因案而异。但总的来讲，非正式规则的实际影响不具备稳定的可预测性，其对警务活动的影响多数时候是负面的。所以，“……基于降低社会总成本的目的，运用制度安排手段，克服公共权力代理人的寻租策略选择，构建用于权力制约的‘囚徒困境’也是必要的，这种制度设计的要点就在于降低可置信的各种威胁的威胁力度甚至使其成为无效威胁。在现实的政治法律实践中，犯罪集团成员之间攻守同盟的形成问题、面对犯罪行为的‘沉默的大多数’现象以及被侵害人保持沉默进而倍遭侵害的现象等，从博弈论角度来看，是因为现行制度或机制未能有效降低可置信的各种威胁的威胁力度，未能使其成为无效威胁”。[②] 可见，在设计警务制度和政策时，也应作出促使有利于警务活动合法性及正当性的非正式协议明确化，并瓦解那些不利于警务效率的非正式协议的安排。

或许可以认为，博弈内生之规则可能是最符合博弈参与者多方利益平衡之结果，但社会的快速发展需求可能难以等待这种利益的反复磨合，在这种背景下，外部强加制度、政策成为一种可行的选择，以期减少利益磨合的时间。显然，外部强加之制度、政策如能与不施加外界影响之博弈自然发展所形成的

---

① ［美］杰克·奈特著，周伟林译：《制度和社会冲突》，上海人民出版社 2009 年版，第 56 页。

② 丁社教：《法治博弈分析导论》，西北工业大学出版社 2007 年版，第 58 页。

规则相吻合，则不失为一种理想制度。为此，警务制度和政策之构建，应尽可能对警务活动博弈进行推演，寻找最具可行性、科学性和制约性的制度、政策体系。

第四章

我国区域警务合作的动因、现状、特点及障碍因素

区域警务合作是一种比较典型的合作博弈行为。以博弈论为工具来审视区域警务合作并寻求完善策略，首先需要认真总结区域警务合作发展的动因、现状、特点及面临的困境。

公安机关并非我国唯一的警务机构。仅以侦查职能而言，我国即存在公安（包括民航、交通运输、森林、海关、铁路等专业公安机关）、检察、安全、监狱和军队保卫部门五个侦查系统。此外，法院、检察院的法警，监狱的执行监管职责的狱警等所履行的职责，也属于广义上的警务范畴。最广义的警务概念甚至可以涵盖土地监察、税务稽查、渔政执法等。限于篇幅，并且考虑到不同警务职能在警务合作方面的共性[①]和公安机关在警务职能方面的主体地位，本书只以公安机关为例，阐述其区域警务合作问题的动因、现状、特点及现实障碍。

---

① 以侦查职能为例，各系统规定的区域侦查协作虽有区别，但在基本制度规范上大体相似。公安机关之外，比较重要的区域侦查协作规范有最高人民检察院《侦查协作的暂行规定》和海关总署《走私犯罪侦查机关跨关区办案协作规定》等。

一、我国区域警务合作的动因

理论上讲，自有警务以来，即应有不同地区间警察机关的警务合作。但上升到较大区域的相对稳定的警务合作，则是全国公安机关近些年强力促成的结果。

2010 年 6 月下旬，全国公安机关社会管理创新工作座谈会在广东深圳和广州举行。时任公安部部长的孟建柱在会上指出，要充分发挥我国的政治优势，完善部门合作、区域警务合作、警种合作机制，形成社会管理整体合力，积极推动社会管理工作社会化；要把建立区域警务合作机制当作一件事关稳定工作全局的大事来抓，积极主动地加强区域间警务交流与合作，逐步形成区域警务合作机制，以区域稳定保全国稳定。[①]这个讲话内容被视为区域警务合作强力推进的最初起因。

随后，由于公安部的大力推动，各地公安机关积极响应，迅速开展行动，全国公安机关社会管理创新工作座谈会当年即取得丰厚成绩：2010 年 9 月 1 日，苏浙皖沪公安经侦部门率先在全国公安经侦系统创新建立区域警务合作机制；9 月 10 日，东北地区警务协作机制正式建立；9 月 26 日，环首都七省区市区域警务合作机制建立；10 月 12 日，西北地区警务协作机制正式启动；10 月 21 日，泛西南警务合作联席会首届会议在重庆召开；12 月 6 日，中部五省警务合作机制建立。至 2011 年 5

---

① 《孟建柱在全国公安机关社会管理创新工作座谈会上强调 解放思想勇于探索 积极推进公安机关社会管理创新》，参见 http：//www. mps. gov. cn/n16/n983040/n2450485/n2450515/2455305. html，2013 年 2 月 1 日浏览。

月9日泛珠三角警务合作首届联席会议在广东深圳召开，覆盖全国的七大区域警务合作机制全面建成。

区域警务合作机制提出之前，区域和省际警务合作主要是个案合作，并且主要依赖上级公安机关进行行政协调。区域警务合作实施后，各地警务合作迈向规范化和制度化，并且由个案合作拓展到包括共享信息资源、反恐处突工作联动、打击严重刑事犯罪、整治重大治安问题、交流理论研究成果等在内的全方位合作。以东北警务合作区为例，据报道，在东北地区警务协作机制成立仅一年之际，即截至2011年9月，该警务合作区就形成了横向到边、纵向到底的警务协作机构网络，“四省、区各级公安机关联合破获各类刑事案件9432起，抓获了一大批在逃人员，相继破获了‘4·15’跨境贩毒案、黑龙江‘圣瑞’非法集资案等一大批大要案，在促进东北老工业基地全面振兴中发挥了重要作用”。[①]

区域警务合作对提升警务效率的意义不证自明。不过，公安机关近些年才突然开始强力推动不同于传统的跨区域警务合作模式，并且将全国划分为七大警务合作区，是有其特殊动因的。有论者指出，区域警务合作是公安机关落实科学发展观、开展社会管理创新的重大战略，是公安机关主动应对维稳现实斗争和促进地区经济发展的重大创新（“经济一体化的形成发展”、“应对重大活动事件的经验积淀”、“应对维稳工作的现实需求”和“驾驭动态社会的预期”催化了区域警务合作），

---

① 蔡小玲：《警务合作趋向成熟，发挥出强大作用》，《人民公安报》2012年5月17日第004版。

是公安机关着眼长远发展、转变警务模式的重要探索。[①] 有论者则从国家“十二五”发展规划的新定位、区域经济协调发展战略、公安工作信息化转型、公安警务改革和国际警务合作的影响等方面剖析了区域警务合作的时代背景。[②] 还有论者认为区域警务合作是形成公安机关整体战斗力的必然要求，是应对公安工作新形势、新任务与维稳新情况、新问题的必然选择，是区域警务合作大格局服务于区域经济发展的现实需求，是解决区域治安共性问题的重要路径。[③]

我们认为，各大警务合作区的划分，显然并非随意为之，而是经过深思熟虑的。上述论者观点大致描绘了区域警务合作加速发展的主要原因。尽管不同警务合作区的组建各有其特殊原因，但概括起来，我国近年区域警务合作的蓬勃发展不外乎单独或同时具备以下几项原因：

1. 组成警务合作区的各省级行政区之间的经济联系更趋紧密，强力催生共同警务需求。

2005 年 10 月，党的十六届五中全会通过《关于制定国民经济和社会发展第十一个五年规划的建议》，该建议首次提出了未来经济社会发展和改革开放的主要任务是“促进区域协调发展”。[④] 2010 年，党的十七届五中全会通过《关于制定国民

---

① 北京市公安局勤务指挥部：《从时代背景看加强区域警务合作的紧迫性》，载罗锋主编：《第三届中国警学论坛文集》，中国人民公安大学出版社 2012 年版，第 329—334 页。

② 刘峥：《科学认识和把握区域警务合作的时代背景》，载罗锋主编：《第三届中国警学论坛文集》，中国人民公安大学出版社 2012 年版，第 346—355 页。

③ 汪勇：《中国区域警务合作研究》，《中国人民公安大学学报（社会科学版）》2013 年第 5 期。

④ 关于“十一五”规划纲要，参见 http://news.xinhuanet.com/ziliao/2006-01/16/content_4057926.htm，2012 年 12 月 1 日浏览。

经济和社会发展第十二个五年规划的建议》，该建议进一步明确提出了区域协调发展的具体途径。全国各省、自治区、直辖市分别针对其各自的区域发展定位，结合自身发展优势及发展方向，积极推进区域经济一体化进程。

随着“泛长三角经济区”、“泛珠三角经济区”、“中部崛起”等区域经济体概念不断提出并走向落实，这些省份彼此之间的联系更加紧密，区域经济色彩更加浓厚。区域经济合作的发展特别是交通、物流、金融服务等领域的飞速发展，促进了人员、物资、资金、信息、技术等在区域内的自由流动，区域经济共同体及统一市场初现雏形。以北京为例，其地处“环渤海”经济圈，区域内各成员省市具有相同或相近的区域性发展优势，随着区域经济的深入发展，北京与周边省区市的传统的地域限制被打破，人员结构、社会结构、经济结构都发生了很大程度的变革，经济圈内的经济联系日益紧密、贸易活动愈发频繁，人、财、物呈现大交流、大流通的发展态势。

但是，与统一市场相随的不仅是区域经济的发展，也有日渐一体化的犯罪市场，犯罪嫌疑人往往也会利用市场发展所带来的便利，跨区域连续作案①或逃避侦查。不过，长期以来警务合作机制不完善、不成熟的现状以及各地公安机关各自为战的做法给打击流窜犯罪制造了人为的障碍。可见，区域的社会治安稳定对该区域现行的警务运行机制、社会管理模式提出了

① 据统计，流动人口犯罪已占到全国各地犯罪总数的70%以上。其中北京全市每年提起公诉的案件大概在3万件左右，外来人口占70%。北京朝阳、海淀、丰台三个区的外来人口犯罪，占全市犯罪的47%以上。一些新兴城市和区域，外来人口犯罪也在增加。在城市化推进较快的大兴、房山，相应伴随着外来人口犯罪增长也非常快，每年外来人口犯罪超过千人。参见 http：//beijing. qianlong. com/3825/2012/03/07/1060@7757871. htm。

更新、更高的要求，这种要求亟待一种区域联系更为紧密的新型警务模式来维系。

不仅如此，公安机关还承担了大量社会服务职能，随着人员流动性增强，公安机关的服务触角必然要延伸到辖区之外，而离开辖区外公安机关的配合、协助和支持，是无法保证其服务质量的。

可见，公安机关面临着新的犯罪形势。面对复杂的局势和繁重的任务，各级公安机关也越来越深刻地认识到各地必须积极打破壁垒，互通信息资源，交流经验做法，形成联动，才能不断提升驾驭复杂局势的水平和能力。

上述需求催生了各地彼此之间共同的警务需求，即各地必须共同采取行动，采取合作姿态。

这种国内状况与欧盟第三大支柱“内务与司法合作”发展初期所面临的局势颇有相似之处：

1986 年签署的《单一欧洲法令》明确提出 1992 年底之前建立欧洲统一大市场，实现《罗马条约》所规定的四大自由。据此，欧共体从 1993 年 1 月 1 日起逐步废除边境控制，实现人员的自由流动。内部边境海关检查与护照控制的废除，在促进经济增长的同时也赋予了国际有组织犯罪者新的自由。罪犯在各成员国流动作案和逃窜，从而模糊了国际犯罪与国内犯罪的界限，使得整个欧盟辖区对于罪犯而言犹如一个统一的犯罪市场。不仅如此，日渐增长的国际犯罪也与其他犯罪相伴而生，大量犯罪在内容上涉及毒品、爆炸物、武器和核材料等高度危险物质或物体，各种犯罪手法也层出不穷，日益智能化和高科技化，尤其是网络与计算机技术等现代手段与传统犯罪手段的结合使用，已经大大增加了欧盟成员国警察机关查处这类犯罪的难度和成本。与上述犯罪形势不相适应的是，欧盟成员国拥有众多独立的警察部队、警察辖区和风格迥异的司法警务传统。这种警务状况显然无法有效应对伴随着欧洲统一市场的形成而形成的欧洲统一的犯罪市场。如果各成员国不解决管辖区域分立与罪犯及犯罪嫌疑人自由移动之间的结构性矛盾，那么治安和安全状况将严重恶化。另一方面，在欧共体以及欧盟的发展过程中，各成员国在政治、外交、经济贸易等各领域形成了众多的共同利益。随着欧盟一体化的深入，共同利益也处在不断的扩大之中。在警务领域，成员国的共同利益体现为共同警务，主要是预防和打击违反欧盟法和欧盟整体利益的各种违法犯罪活动，譬如打击伪造欧元的行为、监管共同的外部边境、防范非法移民、反恐、对付足球流氓等。维护警务领域共同利益，不仅是这些利益本身的需要，同时也是为了保护它们所要保护的其他利益。由于各成员国在理解反映共同利益之规范以及各自应当采取之措施方面可能产生分歧，因而有必要协调和监督各国在维护共同利益时的警务行为。这种合作既表现为相互支持具体警务，也表现为彼此能够就共同利益的保护形成共同的警务标准，组建共同的警务机关，为执法人员设定执法的最低标准和最低培训水平，提供共同警务经验交流的平台等等。共同警务的需要，推动着各国政府以及警察机关、海关以及其他有关当局不断改善合作方式，提高合作效率。[1]

---

① 参见刘为军：《欧盟警务一体化的现状、制约因素及发展趋势》，《欧洲研究》2004 年第 6 期。

正因为如此，实践中，区域警务合作的合作主体通常都具有地域接近，历史、经济、社会、人文等地缘性特征趋同等特征，这些合作主体容易结合成一个区域性特征鲜明的利益联合体，并且通过共同制定规则而建立更高层次的区际联盟自治组织。[①] 这种合作动力不仅可以推动国家间的合作，更易促进一国之内不同行政区域之间的合作。

以环首都区域警务合作为例，包括北京、天津、河北、山西、内蒙古、辽宁、山东在内的成员省区市均地处华北地区，区域内除北京为全国政治、文化中心外，其余各省市区的总体经济发展、地理位置、人文环境相距程度不大。而对其他六大警务合作区来说，这种地缘关系更为明显。再如苏浙皖沪警务合作，四地的“同城化”效应愈加明显，地缘性关系越来越紧密、同质型文化愈来愈融合、共生型经济愈来愈聚集、基于传统的合作愈来愈深化，推动区域警务合作向“一体化”发展所要具备的政治、经济、社会、文化、科技等要素已经初步形成，可谓占尽“天时、地利、人和”的诸多优势。[②]

对于这种共同警务，也有学者认为是警务一体化需求。其所谓的警务一体化，是指两个以上相对独立的警务实体为了实现共同的警务发展目标或组织目标，以消除警务运作过程障碍为核心，通过价值取向的趋同、存在主体的自愿、个体权益的让渡、协作制度的固化，形成一种责任共担、利益共享、联动共建、平等共处的警务机制或模式，既蕴含警务

① 魏永忠：《跨区域警务合作论——环首都地区社会安全防控警务合作体系研究》，中国人民公安大学出版社 2009 年，第 33 页。

② 蔡田：《论推动长三角城市群警务合作一体化的动力及整合方略》，《上海公安高等专科学校学报》2012 年第 2 期。

组织谋求自身发展或完善警务转型的一种动机、理念，也包括多个单体凝成整体的转化过程、显现的状态及形成整体系统的结构形态，是警务合作达到最优化程度的表现状态或最高境界。[①]

然而，以上所说的警务一体化显然并非真正意义或狭义上的一体化，后者应当为各方建立统一的警察体制并设立统一的中央警务管理机构，统辖各地警务。我国警察为以中央集权为特点，本应理所当然地认为已经实现狭义上的一体化，但在“条块结合，以块为主”的公安管理体制下，中央管理机关的统筹管理显然不足以推动各地公安机关之间的紧密合作，而仍需有其他动力来共同促成各地更密切联系。广义上的警务一体化则既包容前述之一体化含义，也可指各方之间日益密切的警察合作，甚至包括警察与国内政府机构、民间组织、公众之间的协调，而且可以指各国警察体制发展方向的趋同。[②] 换言之，共同警务并非是要合并各地警务机构或者警务本身，而仍然限定在广义警务合作的层面上。[③]

2. 先前区域警务合作实践所取得的成功经验示范。尽管我国从2010年起才开始在全国范围内全面推动区域警务合作，并建成七大警务合作区，但是，在此之前即已有了较好的实践范例。从20世纪50年代开始，全国就建立了一些小规模的刑侦协作区。20世纪80年代初期，四川、贵州、云南、广西、

① 蔡田：《论推动长三角城市群警务合作一体化的动力及整合方略》，《上海公安高等专科学校学报》2012年第2期。

② 广义和狭义之警务一体化含义，参见刘为军：《欧盟警务一体化的现状、制约因素及发展趋势》，《欧洲研究》2004年第6期。

③ 这一层面的警务一体化概念，与《环首都七省区市区域警务合作机制框架协议》提到的“区域警务一体化”含义基本相似，对此后文还将进行分析。

湖南、西藏等地建立了西南地区刑侦协作区，每年举办一次刑侦协作会议。1985 年，江苏、浙江、上海三地公安机关刑侦部门就建立了苏浙沪刑侦协作机制，并报请公安部批准成立了苏浙沪刑侦协作区，成员覆盖上海、南京、杭州、苏州、无锡、常州、嘉兴、湖州等 19 个城市。1990 年建立的“粤桂琼三省（区）十市政法协作机制”，是广东湛江、广西北海、海南海口三市倡议，并由广东阳江、茂名，海南三亚，广西钦州、防城港、玉林、贵港七市积极呼应而建立的十市政法部门互相加强政法协作的区域性合作机制。[①]

进入 21 世纪后，区域警务合作加速发展，2004 年启动“中南暨泛珠三角十一省（区）刑侦协作区”，2005 年建立“华东地区 15 城市公安交通治安部门协作工作体系”，2006 年建立“泛珠三角省会市暨副省级市警务协作体系”、“环渤海地区刑侦区域协作”。

再如，北京与其他省市区的合作。为了切实提高打击跨区域流窜犯罪成效，早在 2004 年，北京市公安局就提出了“相对侦查、相对打击”的工作思路。其中，相对侦查“是指有大量流动人口城区的公安机关，在对本地区流动人口及犯罪情况进行调查研究的基础上，选择流动人口犯罪情况比较严重、犯罪人员籍贯地又比较集中的省、市、地区的公安机关作为合作伙伴，以共同订立的工作制度为保障建立长期有效机制，对两地发生的跨区域流窜犯罪案件，各自发挥自己的优势条件，齐心协力展开侦查的一种工作模式”。[②] 最初

---

① 这一机制至今仍在发挥作用，以上城市轮流坐庄的联席会议仍在逐年召开。

② 马振川、傅振华、徐立根：《论相对侦查》，载郝宏奎主编：《侦查论坛》（第三卷），中国人民公安大学出版社 2004 年版，第 375 页。

的相对侦查实践源自北京市公安局与河南省公安机关的合作，两地确立了“应当严格依法办案，坚持实事求是，坚持平等互利，坚持打击与调查分析同步、破案与情报积累并重，以及讲究高质、高效、追求实际效果等工作原则”。为保障相对侦查得以落实，两地警方还建立了两地警方高层会晤制度、两地警方信息交流制度、两地警方开展共同打击制度、两地警方互派工作组制度和两地警方首席联络官制度等制度内容。[①] 2004 年 9 月 24 日，在公安部刑侦局的大力支持下，在北京召开了由北京、河北、河南、安徽、黑龙江、辽宁、吉林、贵州省厅（市局）领导出席的八省市关于打击流窜犯罪的联席会议，继而在部分市、区进行试点并取得一定成效的基础上，全面推行“相对侦查”的工作模式。这一模式突破了时空地域的界限，初步实现了信息共享、互动双通，形成了良好的协作模式。依托“相对侦查”这一工作模式，刑侦部门共搜集掌握、建立起库存数百万份的流窜犯罪高危人群信息库，从而实现了打击跨区域流窜犯罪工作由被动向主动、由粗放管理向集约经营的历史性转变。[②] 取得良好成效的“相对侦查”工作机制，使北京市公安局刑侦总队与各省区市刑侦部门的侦查协作得到进一步加强，为后来相继建立“环首都七省区市区域刑侦警务合作机制”（该合作机制是环首都区域警务合作机制的重要组成部分，后文还将述及）和“京津沪渝直辖市刑侦协作机制”[③] 奠定了实践基础。

---

① 马振川、傅振华、徐立根：《论相对侦查》，载郝宏奎主编：《侦查论坛》（第三卷），中国人民公安大学出版社 2004 年版，第 380—382 页。

② 同上书，第 375 页。

③ “京津沪渝直辖市刑侦协作机制”是四市全面合作的组成部分。

而在全国层面，2006 年公安部副部长张新枫即提出，针对侵财案件量大面广、流窜系列作案突出的问题，建立覆盖全国范围的多发性侵财案件办案协作机制。之后，公安部于 2007 年 5 月起在京、沪、苏、浙、皖、闽、湘、粤、川等 10 个省市进行试点，并先后召开“合肥会议”（2007 年 10 月）和“杭州会议”（2008 年 7 月），提出创建“打击犯罪新机制”，以及建设跨区域办案协作平台。[①]

良好的区域警务合作实践效果，为公安机关决策层准确判断、强力推动范围更广和内容更丰富的区域警务合作的时机提供了极好的参照。

3. 中心城市或重大事件治安维稳需求驱动。以往的各地警务合作实践是当前推动区域警务合作的重要的实践基础，然而，更直接的可供参照的实践可能是基于防卫中心城市安全以及重大活动安保、维稳而形成的警务合作模式。

中心城市的防卫需求，在环首都警务合作区的建设当中表现得最为典型。北京作为首都，是中国政治、经济和文化中心，首都的社会稳定对于全国全局稳定意义非同一般。北京在政治地位上的重要性决定了公安机关必须下大气力抓好社会治安稳定，而首都的稳定又离不开毗邻首都周边区域的稳定，天

---

① 根据学者的阐述，跨区域办案协作平台有助于实现多区域、多用户在网上共享资源、高效率侦查和联动办案，也是“打击犯罪新机制”实施推行的切入点和整合跨区域人力、物力、财力，实现新机制的初级网络平台。平台的建立及使用，能够成为以往警务运行机制自上而下进行模式的有效补充，在公安系统具有极高的实用价值。据不完全统计，仅仅经过两年多的试点工作，跨区域办案协作平台就已经在“无投入增长”的前提下取得了喜人效果，借助该平台工作共破获各类刑事案件 24 万多起，抓获逃犯 3000 多名。参见伍言：《论打击犯罪新机制》，《中国刑事警察》2009 年第 3 期。

津、河北、山西、内蒙古、辽宁、山东等周边地区对违法犯罪活动的预防和打击工作都能够在一定程度上影响首都日常生活的平稳有序和公安工作的顺利进行，公安机关有必要通过协作来整合优化警力配置，“以一方稳定保区域稳定，以区域稳定保全国稳定”。近年来，为共同应对全国两会、奥运会、国庆60周年等大型活动安保任务及一些重大案件的侦破任务，北京与周边省区市已经在相当程度上组织开展了形式多样的警种、部门间的警务合作。

中心城市的防卫需求，有时也和某些重大活动安保、维稳有关，即基于重大活动的需要而临时发起区域警务合作或者提升合作规格。我国近年先后举办了2008年的北京奥运会、2009年的“国庆60周年”庆典、2010年的上海世博会、2010年的广州亚运会、2011年深圳大运会等具有重大影响的活动。为保障活动成功，安保工作被放到至关重要的位置。而在这些重大活动的安保工作中，均实施了官方所说的“护城河”工程，即要求中心城市与周边省市公安机关信息共享、全力配合，构建比较牢靠的安全防线。正如有论者所指出的，“在北京奥运会等大型活动安保工作中得到检验的区域警务联合作战机制逐步趋向成熟。其中，实施‘护城河’工程、建立国家层面指挥中心在内的多级指挥体系等做法更是被运用在上海世博会安保工作中”。[①]

要深入推进环首都区域警务合作，就必须强力提升维护北京安全与稳定的能力。环首都区域警务合作机制建成运行后，

---

① 蔡小玲：《警务合作趋向成熟，发挥出强大作用》，《人民公安报》2012年5月17日第004版。

不但大幅度提升了环首都“护城河”工程的质量和层级，同样也为推动其他中心城市与周边区域的警务合作乃至全国区域警务合作积累了宝贵经验。[①] 同样地，公安部领导在2011年5月召开的泛珠三角警务合作首届联席会议上也曾强调，2010年在广州举办亚运会、亚残运会时，警务合作已经体现到亚运安保工作的各个方面，成功构建了环粤安保圈，建成了182个环粤环穗检查站，为确保“平安亚运”奠定了坚实基础；[②] 建立泛珠三角警务合作机制，顺应了维护稳定工作的大势，体现了警务改革的方向。[③] 可以说，区域警务合作为这些活动的成功举办立下了汗马功劳。

需要说明的是，为顺利完成中心城市防卫及重大活动安保、维稳，区域内各公安机关往往要提前多年分阶段提升警务合作水准，以环首都区域侦查协作为例，直至奥运会召开，其协作发展经历了多个阶段：第一阶段，根据公安部为奥运会期

---

① 参见王文硕、史谦：《切实落实环京“护城河”各项措施 扎实有效做好“两会”安保工作》，《人民公安报》2012年2月1日第001版。

② 参见邹伟：《中国区域警务合作机制全面建成》，http：//www. hq. xinhuanet. com/legal/2011-05/10/content_ 22726344. htm，2013年1月5日浏览。

③ 参见邹伟：《中国区域警务合作机制全面建成》，http：//www. hq. xinhuanet. com/legal/2011-05/10/content_ 22726344. htm，2013年1月5日浏览。根据公安部领导在该次会议上的讲话，就中心城市安保需求而言，区域警务合作的内容大致包括：围绕社会管理创新加强合作，加快建立居住证制度，探索交通违法行为异地处罚；围绕打击区域性犯罪加强合作，针对当前办理跨区域犯罪案件存在的突出问题，建立主侦单位牵头、相关地方密切配合的侦办模式，实行“一地立案、各地协作，联合行动、全面侦办”；围绕处置突发事件加强合作，健全完善跨区域联勤指挥机制，加强公安特警队建设，及时提供跨区域支援，加强信息交流共享，提高预警预防能力。

在该次会议上，公安部领导也要求，各地公安机关要拓宽警务合作范围，鼓励省际、地区、部门、警种之间根据实际需要建立协作关系，努力形成全警“大合作”格局；完善协作运行机制，健全组织运行、协调指挥、信息共享等工作规则，完善警务合作响应预案，推动警务合作走向制度化；推动实现优势互补，加强对流动人口犯罪、毒品犯罪、涉枪涉爆犯罪等重点问题的研究，加强合作、共享资源。

间创造良好社会治安环境奠定基础，进一步严厉打击流窜犯罪活动的要求，在公安部五局统一指挥协调下，北京刑侦系统组织 18 个分县局，在各省、市、自治区公安部门的配合下，前往河北、河南、天津、重庆等 17 个省市公安机关开展了为期一个月的高危人员调查控制工作。第二阶段，继 2007 年第一次高危查控以来，为确保前项工作取得实效，公安部五局及时向全国各省市公安机关下发了《关于组织开展保奥运查控打击流窜犯罪工作的通知》，并下发了《查控打击流窜犯罪工作方案》，同时将各地查控人员名单通报省市公安机关，进一步加大对流窜犯罪查控打击力度。北京刑侦系统派出精干力量，相继奔赴河北、山西、内蒙古、山东、辽宁、吉林、黑龙江、河南、甘肃 9 个省，开展查控打击流窜犯罪人员专项工作。第三阶段，为了进一步了解前期开展高危查控的效果，北京市局刑侦总队选取天津、河北、河南、山东、黑龙江五个省市进行调研，并组成工作组前往河北承德、张家口，河南驻马店、信阳等地进行实地调研。

在中心城市防卫以及重大活动安保、维稳过程中所形成的警务合作积累了许多成功的经验，将这些成功经验规范化、制度化以固定下来，无疑是先前成功合作的自然延伸。

4. 国际警务合作和区际警务合作发展的溢出效应。我国于 1984 年在卢森堡召开的第 53 届国际刑事警察组织年会上正式加入国际刑警组织，这可视为我国正式融入国际警务合作的开始。近些年，犯罪的国际化发展出现了一些新的趋势，特别是随着国际地缘政治、经济关系的发展，跨国犯罪的区域化特征日渐凸显，我国与周边国家的区域性国际警务合作也处于快速发展阶段，比较有代表性的是上合组织框架下的警务合作（始于1996年)、大湄公河次区域的警务合作（始于1992年)，均是国家间区域性合作的重要内容，分别在反恐、禁毒等领域取得了较为辉煌的合作成果。

大陆与香港地区、澳门地区、台湾地区的警务合作被称为区际警务合作。在一国两制的框架下，大陆与香港地区、澳门地区特别是粤、港、澳之间已经建成比较顺畅的警务合作机制和交流通道。大陆与台湾地区的警务合作发展历程相对复杂一些，受两岸政治气候影响甚大，但总体上保持着向前发展的势头。中国红十字会总会与台湾地区红十字组织1990年在金门举行商谈，会后签署《遣返作业协议》，又称为《金门协议》，是为合作打击两岸间的违法犯罪活动，解决违反有关规定进入对方地区的居民和刑事嫌疑犯或刑事犯的遣返问题所达成的协议。协议以“人道、安全、便利”为原则，对违反有关规定进入对方地区的居民和刑事嫌疑犯或刑事犯实施遣返，并就交接的地点、基本程序做了详细规定。① 《金门协议》原由两岸红十字会执行，后来以民间团体身份出现但具有半官方性质的海基会和海协会也取得执行权。两岸警务合作所取得的重大进展是海协会与海基会在2009年签署的《海峡两岸共同打击犯罪及司法互助协议》。根据该协议，双方同意在刑事领域共同打击犯罪、送达文书、调查取证等事项上进行合作，并且列出了双方同意着重打击的犯罪。因而，两岸现有警务合作机制仍以《金门协议》和《海峡两岸共同打击犯罪及司法互助协议》为

① 《金门协议》的详细内容，参见 http：//baike. baidu. com/view/744617. htm? fr = ala0_ 1，2010年8月15日浏览。

主要依据，[①] 并据此实施了大量协查、遣返、联合查缉行动，也有在第三国主导下开展间接警务合作的经历，取得一定成效。但是，警务协作机制和制度的健全，最明显的要求是合作各方之间有具有可操作性的书面协议。从《金门协议》到《海峡两岸共同打击犯罪及司法互助协议》，两岸已经迈出了关键的几步，不过这些协议本身仍然过于简单，合作通道仍然以民间组织为中介，对两岸官方机构缺乏强制拘束力，协议的执行往往依靠双方自觉，受当时政治环境影响较大，而且刻意规避双方侦查机关的直接对话。[②] 但不管怎样，区际警务合作一直处于不断的发展过程中，而且业已取得较好的合作效果。

区域性国际警务合作和区际警务合作所取得的良好成效，对国内区域警务合作也具有重要启发意义。国与国之间以及中国大陆与港澳台之间尚能共创警务合作的新格局，遑论中国大陆共处同一政治体制之下的不同省份之间？显然，国际和区际警务合作的良好实践，可以为推动中国大陆的区域警务合作提供重要借鉴。同样地，良好的国内区域警务合作实践，也可为推动中国大陆与港澳台以及我国与周边国家和地区的警务合作注入新的活力。

综上所述，区域警务合作的蓬勃发展有着多方面的原因。国内学界有人以犯罪活动的区域性、地理环境差异对犯罪现

---

① 对此，中国大陆官方也给予了确认。在国台办2007年的第一次新闻发布会上，发言人明确否认了媒体提出由台湾地区派调查人员进入大陆调查的要求，指出要继续按照《金门协议》安排遣返工作。参见 http：//news. qq. com/a/20070117/001577. htm，2010年8月15日浏览。实际上，大陆也曾以法律的形式专门就两岸协作打击犯罪做过表态，即《反分裂国家法》第6条第四项之规定：“国家采取下列措施，维护台湾海峡地区和平稳定，发展两岸关系……（四）鼓励和推动两岸共同打击犯罪。”因该法未提出协作之具体模式，本书不展开讨论。

② 张远煌、刘为军：《海峡两岸毒品侦查协作研究》，《法治研究》2011年第2期。

象的影响等观点为基础，将区域警务合作的主要理论基础限定为研究犯罪现象的空间发生、发展和分布规律以预防和控制犯罪的犯罪地理学。[①] 这种观点显然是有问题的，没有考虑到区域警务合作发展的多样化动因，更没有考虑到警务本身的多元化——并非所有合作警务都是以打击和预防犯罪为核心的。

二、我国区域警务合作的制度现状

当前，区域警务合作业已呈现蓬勃发展态势，在规范形式和具体内容上均已取得突破。

（一）我国区域警务合作的规范内容

我国是成文法国家，而且实务界极度依赖规定详细的操作指引，一项重要的立法往往伴生出诸多实施细则、司法解释、立法解释甚至地方性配套制度。换言之，在我国，对一项法律行为的重视，往往体现在细密的规范上。

我国现有关于区域警务合作的制度性规范，主要集中在对区域侦查协作的规定上，最值得关注的是《刑事诉讼法》，公安部《公安机关办理刑事案件程序规定》、《毒品案件侦查协作规定》、《关于办案工作中加强协作配合的通知》、《公安机关执法细则》等关于侦查协作的内容以及公安部、最高人民检

---

① 解源源、李世杰：《我国区域警务合作的时代背景分析》，载罗锋主编：《第三届中国警学论坛文集》，中国人民公安大学出版社 2012 年版，第 530 页。

察院有关通缉通报、打拐、异地采取强制措施等方面的一些规定。[①] 具体来说，主要包括如下几个方面的内容：

1. 各项法律规范有关区域警务合作的规定[②]

《刑事诉讼法》有关区域警务合作的规定只有一条，即该法第 81 条的规定："公安机关在异地执行拘留、逮捕的时候，应当通知被拘留、逮捕人所在地的公安机关，被拘留、逮捕人所在地的公安机关应当予以配合。"该条仅限于拘留、逮捕措施的执行协作，而且仅仅是一种原则性的规定。《刑事诉讼法》自制定以来，历经 1996 年和 2012 年两次较大规模的修正，但有关区域侦查协作的规定一如既往，内容不增不减，所改变的仅仅是条款序号。

公安机关有关区域警务合作的规定相对较多，主要体现在《公安机关办理刑事案件程序规定》、《公安机关执法细则》和《毒品案件侦查协作规定》当中：

（1）《公安机关办理刑事案件程序规定》的规定

《公安机关办理刑事案件程序规定》在第 12 条中规定："公安机关办理刑事案件，各地区、各部门之间应当加强协作和配合，依法履行协查、协办职责。上级公安机关应当加强监

---

① 需要说明的是，公安机关执法勤务主要分为刑事执法（即侦查）与行政执法两大部分，行政执法相应规范罕见关于执法协作方面的规定，作为行政执法最主要依据的《公安机关办理行政案件程序规定》仅在第 9 条规定"行政案件由违法行为地的公安机关管辖。由违法行为人居住地公安机关管辖更为适宜的，可以由违法行为人居住地公安机关管辖……移交违法行为人居住地公安机关管辖的行政案件，违法行为地公安机关在移交前应当及时收集证据，并配合违法行为人居住地公安机关开展调查取证工作"，这种执法合作规定显然不够。

② 有关规范如《刑事诉讼法》和《公安机关办理刑事案件程序规定》均在近期进行了修改，如无特别说明，本书所引之所有法律、法规、法律解释、立法性文件以及各地警务合作协议等均为正在执行的现行立法及规范。其中比较特殊的是《公安机关执法细则》，该细则不定期进行修订，截至本书定稿时的最新版本为 2012 年版。

督、协调和指导。"《公安机关办理刑事案件程序规定》还专章规定了"办案协作"（第十一章），设定了办案协作的基本程序和基本内容。根据该规定第335—344条之规定，办案协作的基本内容包括：协助调查；异地执行强制措施；委托异地公安机关执行拘留、逮捕，移交犯罪线索，协助查询犯罪信息、资料，协助执行传唤、拘传，代为执行拘留、逮捕、协查犯罪嫌疑人的身份、年龄、违法犯罪经历等情况；异地办理查询、查封、扣押或者冻结与犯罪有关的财物、文件等等。

（2）《公安机关执法细则》的规定

《公安机关执法细则》对《公安机关办理刑事案件程序规定》的相关规定进行了重述，并做了适度延展。

《公安机关执法细则》是"指引公安机关及其人民警察严格、准确、规范执行法律、行政法规、司法解释、部门规章规定的内部规范"（见该细则第2条），警察执法时不能直接在法律文书中引用，[①] 但该细则创新性规定极少，本质上仍相当于一种"法规汇编"，即将不同位阶的法律法规、立法解释、司法解释、规章等整编在一部文件中，其理想目标是为公安机关刑事执法和行政执法提供一部详尽的操作指引，使每一项具体的执法行为都有据可循。[②] 关于区域侦查协作或办案协作之规定，主要是重述其他规范性文件的规定，但同时进行了梳理，

---

① 虽然该细则的规定内容不能直接在法律文书中引用，但是并不等于根据该细则实施的执法活动不能被质疑并自动取得合法性。相反，即使在立法不明确的领域，根据细则所实施的执法行为，执法对象一方仍可就该行为提出挑战。这一点，境外关于侦查人员出庭作证时可接受交叉询问事项的规定（如台湾地区关于警察是否违反警察犯罪侦查规范的规定）即是明证。参见曾正一：《侦查法制专题研究》，台湾地区中央警察大学出版社2007年版，第484页。

② 显然，从《公安机关执法细则》的具体规定来看，离这一理想目标还有不小的距离。

使之表达得更为清晰和明确，可操作性更强。

《公安机关执法细则》第24—02条以《公安机关办理刑事案件程序规定》第11章之规定为基础，进一步明确列举了《公安机关办理刑事案件程序规定》中有关公安机关“办案协作”的六项规定，但将“协助执行传唤、拘传”扩展至“协助执行传唤、拘传、拘留、逮捕等强制措施”。[①]

值得一提的是，考虑到公安信息化工作的持续深入推进，《公安机关执法细则》2009版（即第1版）就已经通过第24—05条明确把网上跨区域办案协作纳入了规定范围，即前述的“全国公安机关跨区域办案协作平台”和“跨区域办案协作机制”。前已述及，自“全国公安机关跨区域办案协作平台”启用和“跨区域办案协作机制”建成以来，各地公安机关之间的侦查协作取得了重要进展。而在规范层面，各地公安机关也纷纷制定了在本省、市、自治区落实跨区域办案协作机制的具体规定，例如湖南省公安厅就制定下发了《湖南省公安机关跨区域办案协作工作制度》和《湖南省公安机关刑侦部门“跨区域办案协作机制”实施细则》，并建立相应的联络员制度，规范了发布、回复协作请求的流程，明确协作工作时限要求。

《公安机关执法细则》也在《公安机关办理刑事案件程序规定》规定的基础上，规定了主动提供协作和被动提供协作两种模式：一是主动提供协作。公安机关获取的犯罪线索，不属于本单位管辖的，应当及时转递有管辖权的公安机关，不需要履行协作手续。二是被动提供协作。在主动提供协作之外的其

---

① 值得注意的是，《公安机关执法细则》（2009年版）即对当时的《公安机关办理刑事案件程序规定》（2003年版）做了这种延展，但是2012年12月经修正后颁布的《公安机关办理刑事案件程序规定》却未对这种延展作出回应。

他情形下，一般由异地公安机关提出申请，并且需要履行一定的法律程序。

《毒品案件侦查协作规定》所涉及到的协作内容最为详尽。《公安机关执法细则》颁布于《毒品案件侦查协作规定》之后，但却未完整收录后者有关侦查协作的规定。《毒品案件侦查协作规定》第5条将协作范围设定为“提供线索情报、提供信息资料、协助采取强制措施、协助追缴毒资或毒贩财产、联合侦查和案件移交等与办理案件有关的内容”。根据文义解释，凡是办理毒品案件过程中发生协作需要的，侦查职能部门均可向异地公安机关提出协作请求，而被请求方必须提供协作。就文义而言，这一规定所设定的协作范围比《公安机关办理刑事案件程序规定》更宽。但是，由于该规定仅适用于毒品案件，不能推而广之至所有刑事案件，故其规定对区域侦查协作之推动力有限。

（二）各区域警务合作协议所确立的规范内容

七大警务合作区都是在毗邻地区之间建立起来的。除了这七大警务合作区外，一些非毗邻省、市、自治区的公安机关也建成了与其类似的警务合作机制，如《黑（黑龙江）琼（海南）两省警务协作机制》和《豫皖交界禁毒警务合作协议》，后者是前者的有益补充。

就规范内容而言，区域警务合作所涉及的警务合作内容也是极其丰富的。以某大区警务合作为例，根据《该区警务合作联席会章程》和《该区警务合作框架》，泛西南警务合作所涉及的内容包括：

1. 情报信息互享，即通过交换信息数据、开放信息系统接口、提供信息查询服务、情报信息定期通报等方式，实现各成员单位之间公安内部信息资源、社会公共信息资源、重点人员动态管控信息资源的共享，以及社会治安管理情报信息的实时互通。

2. 重大行动互援，内容涉及：一是维护社会稳定，即加强打击和防范暴力恐怖活动、处置群体性事件合作，保持区域政治大局的持续平稳；二是处置重大自然灾害和安全事故，即通过现场信息互通共享，提供救援设备支援，梯次调派警力参与救援、秩序维护，积极参与灾后重建和事故善后帮助等工作，加强重大自然灾害和安全事故处置合作；三是重大警卫任务和安全保卫合作，即通过开展信息互通共享、安保力量跨区域就近支援、重要目标和对象跨区域合作保卫、重点人员联合排查和稳控、工作成效联合检审、工作经验交流共享等工作，加强重大警卫任务和安全保卫工作合作。

3. 执法办案互助，即通过采取定期分析研判案件的发案特点与规律、大要案件中心现场梯次区域封控和人员排查、疑难案件联合会诊研判、跨区域案件管辖协商、涉案人员异地抓捕和看押等措施，切实加强执法办案的互助合作，不断在侦破大要案件、打击流窜犯罪、打击涉毒犯罪、打击经济犯罪以及其他区域性、流动性特征突出的违法犯罪方面取得新的成效。

4. 治安管控互动，包括：一是加强枪支和化危爆物品管理，即通过信息互通共享，强化生产、运输、储存、销售和使用等各个环节安全监管以及案件查办等工作，加强枪支和化危爆物品管理合作；二是加强行业场所管控，即通过建立完善统一的行业场所管控系统、建立和共享从业人员信息库、及时通报涉及行业场所的发案情况等工作，加强行业场所管控合作；三是加强治安乱点整治，即通过定期开展毗邻区域治安形势分析研判和信息互通共享、重点打击突出治安违法行为、加强易发及多发案件的重点路段和部位治安防控、联合评估治安乱点整治效果、制定常态化的整治和巩固措施等工作，加强治安乱点整治合作；四是加强道路交通管理，即通过建立道路交通管理联勤监管、车辆和驾照异地检审、交通违法行为联合查处、重要交通保障任务协助以及公路检查等工作机制，加强交通管理合作。

5. 警务保障互补，包括：一是加强警务技术的联合研发和运用，即开展刑侦、技侦、网侦等侦控技术的联合研发，加强技术手段和工作经验的学习借鉴与交流，逐步消除壁垒、增强合力，为跨区域侦查破案提供技术支撑，强化信息系统设计开发、信息挖掘加工处理、信息抽取等信息系统技术，以及通信装备应用的交流、会商；二是实现勤务装备和专业训练基地共享，即紧扣实战需要，坚持优势互补，强化应急处突、抢险救援、通信指挥、勤务装备，以及反恐、消防等专业培训基地教学场地和器材设备的资源共享；三是合作推进警务技能培训和人才培养，即通过开展警务技能培训、基层一线领导干部交流锻炼、专业技术人才培养、维护警员权益和建立专家人才库，整合共享人才资源，推动警务工作开展；四是开展区域警务发展战略研究，即对警务热点、重点、难点问题开展联合调研，研究警务发展趋势，总结、提炼重大警务工作经验，推动理论成果转化为警务生产力。

在这一框架下，该区警务合作区还制定了《打击刑事犯罪合作机制》、《处置群体性事件合作机制》、《打击和防范暴力恐怖活动合作机制》、《打击经济犯罪合作机制》、《打击涉毒犯罪合作机制》、《行业场所管理合作机制》、《交通管理及公路检查站合作机制》、《警务战略研究合作机制》、《警员维权合作机制》等数十项具体合作机制规定。[①]

其他警务合作区亦有类似规定，只是细密粗疏各有差别。可见，区域警务合作涉及的面非常广，已经能够辐射到公安机关的绝大多数职能，但在“群众看公安，关键看破案”的执法环境下，区域侦查协作自然会成为区域警务合作的中心，或者说，其他领域的警务合作往往也以促进侦查效能为目的。例如，2011 年，公安部领导在出席泛珠三角警务合作联席会议时就要求各地公安机关“要围绕打击区域性犯罪加强合作，针对当前办理跨区域犯罪案件存在的突出问题，建立主侦单位牵头、相关地方密切配合的侦办模式，实行‘一地立案、各地协作，联合行动、全面侦办’”。[②]

而在侦查领域，各警务合作区的合作内容也大同小异。仍以前述警务合作区为例，其制定的《打击刑事犯罪合作机制》确立了如下基本合作内容：一是刑侦信息资源及研判信息共享；二是跨区域案件分析、串并及证据搜集，联合打击流窜犯罪；三是重大刑事案件区域封控和人员排查；四是共建刑侦专家库，开展重大疑难案件联合会诊研判；五是侦破大要案件合

---

① 许多警务合作区都设置了大量具体机制，但落到实处的可能有限。以泛西南警务合作区为例，根据对 2012 年 9 月泛西南警务合作第三届联席会议的报道，泛西南警务合作区目前占主导地位的还是警察文体活动交流、侦办药品食品案件、侦办涉枪案件、侦办涉毒案件、指纹信息共享、外流贩毒整治、消防工作等 10 项警务合作机制。参见杨忠诚、周文学：《泛西南六省区市建立 10 项警务合作机制》，《人民公安报》2012 年 9 月 16 日第 001 版。

② 《中国区域警务合作机制全面建成》，http：//www. chinanews. com/fz/2011/05-09/3027286. shtml，2012 年 8 月 1 日浏览。

作；六是涉案人员异地抓捕和看押；七是刑事技术支持。

再如另一重要警务合作区，《该区市区域警务合作机制框架协议》所规定的合作内容包括五个方面：

一是警务指挥联勤联动机制。全国性重大安保活动期间和遇有重大紧急突发案（事）件时，由主责地区公安机关牵头或案（事）发地公安机关省级指挥中心召集，成立安保联勤指挥部或临时指挥部，统一指挥，集中调警，实施跨区域、多警种合成作战。在平时，区域警务合作领导小组可以通过视频等方式定期召开例会，向合作区通报需要协商解决的问题，并共同研究工作对策，联合发布行动命令。

二是情报信息联网共享机制，即该区市区域警务合作网搭建预警平台、信息平台、研判平台，形成信息共享、情况互通、工作互补，实行预警性信息随时通报、警务信息资源共享、情报研判会商。

三是警种地区联合作战机制，即加强警种间对口合作和地区间对等合作，并在警种、地区警务合作逐渐成熟完善的基础上实现区域警务一体化，即区域内公安机关打、防、管、控等各项警务工作的全面对接。

四是警务资源联建共用机制，即在区域内公安机关之间搭建统一的通信网络平台，建设优势警务资源库，加强科技合作，加强信息互通和警种间协作配合，遇有重特大案件和群体性事件，立即启动地区联勤机制，协同作战，形成处置合力。

五是合作运转联络沟通机制，通过日常交流互访、组织实战演练、定期年会交流、搭建人才对口交流协作平台等方式，促进合作的顺畅运转。

《该区区域刑侦警务合作机制协议》是《某区域警务合

作机制框架协议》的子协议，它规定的区域侦查协作内容如下：一是侦查办案协作工作机制，包括加强侦办有广泛社会影响案件的相互协作、大力推进“全国公安机关跨区域办案协作平台”的应用和进一步加强日常情况信息的交流；二是情报信息共享交流工作机制，包括进一步强化区域内刑侦情报信息协作机制、构建环该区超级情报分析研判体系、健全完善高危人群查控工作机制；三是刑事技术协作支援工作机制，主要包括建立优势警务资源库、统一调配各地刑事技术专家人才、建立指纹信息交换机制等；四是日常运行联络沟通工作机制，包括定期年会交流、日常交流互访和搭建人才对口交流协作平台等。

还有些警务合作区也分部门制定了若干警务合作协议，如《刑侦区域警务合作框架协议》、《经侦区域警务合作框架协议》和《禁毒区域警务合作框架协议》等，有关侦查协作的合作内容与前引几大警务合作区域的合作协议并没有根本性的差别。

除了大区域警务合作区外，其他省级公安机关自己形成的区域警务合作也作出了相类似的规定，例如《闽粤（粤闽）警务协作协议》就确立了情报信息、反恐斗争、打击犯罪、治安防控、重点人员管控、道路交通管理、海上管控、网络安全、学习交流和经双方商定的其他需要协作的事项等协作内容。[①] 其中，“打击犯罪”一项是指以快侦快破为目标，以打击“两抢一盗”、涉黑涉恶、电话诈骗、盗抢销汽车、拐卖儿童妇女、涉枪、涉毒、命案、偷渡犯罪为重点，加大两省刑

① 储白珊：《闽粤签署警务协作协议》，《福建日报》2010年5月30日第2版。

侦、经侦、禁毒、边防、网监、行动技术等各相关警种的相互支持和协作力度，建立和完善跨区域罪案定期通报和刑事情报共享制度，[①] 形成办案部门间有机衔接、相互配合的工作机制，切实提升打击犯罪的效能。再如《黑琼两省警务合作机制》，其规定的警务合作范围涉及情报信息（包括常住人口、流动人口、刑侦基础数据、协查通报、网上逃犯、跨区域案件等信息）互通共享、跨省犯罪互查共破、重点人员互监共控、警务交流互通共建和两省交往互帮共促。[②]

综上所述，近年新发展的区域警务合作大致可以分成两大类型：一类是依托经济发展紧密区域的毗邻区公安机关警务合作七大警务合作区框架下的警务合作和闽粤区域警务合作即属于这一类型；另一类是根据经济资源或者人员流动来往趋势，在地域边界没有交集、距离相对较远的不同地区之间实现的远距离警务合作，黑琼区域警务合作、京津沪渝区域警务合作和沪豫公安机关人口信息情报合作框架等均属于这一类型。

各省市区之间的警务合作区（包括前述这两类）的建立，客观上已经将区域警务合作进行了分类，即警务合作区的区域警务合作和非警务合作区的区域警务合作。两种合作之主要区别在于，前者除了法律法规的约束外，还有警务合作协议的制约，其合作相对更为主动、规范、顺畅，可操作性相对更强，

---

① 储白珊：《闽粤签署警务协作协议》，《福建日报》2010 年 5 月 30 日第 2 版。

② 根据该协议，所谓两省交往互帮共促是指：对在两省投资的对方籍人员，在安全服务方面给予适当倾斜。在两省旅游、居住、求学、工作的对方籍人员受到不法侵害时，当地公安机关及时依法给予帮助，尽力挽回损失。共同促进两省间经贸、人员的往来与交流。

类似闽粤警务合作的还有粤湘警务合作（2011 年 6 月签署《警务合作承诺书》），湘与桂、渝、贵等建立的警务合作区（2011 年 6 月签署《警务合作框架协议》）等等。

背后推动力相对更足。

三、我国区域警务合作的基本程序

从规范和实践两个层面可知，我国目前区域警务合作主要有三种方式：

（一）通过共同的上级机构协调发动的区域警务合作

我国是以中央集权为特征的警务管理体制。以侦查为例，根据我国目前的侦查体制，在各区域之上，已经存在共同的上级侦查机关，[①] 对于各省、市、自治区级的侦查机构来说，公安部下属的侦查机构是其共同的上级机构，依次往下类推。上级机构有权协调下级机构的行动，并且在必要时可以直接指挥和领导这些行动。

这种协作的基本程序有两种：一是有协作需求的侦查机构向上级机构提出请求，要求上级机构协调其与同属上级机构管辖的异地公安机关的协作需求，由上级机构向异地公安机关下达协作指令；二是上级机构根据其自主判断，如对近期犯罪情势的判断，主动要求下级侦查机构相互协作。

实践中，由上级机构统一组织的全国性、全省性或全市性的“专项斗争”或者“专案行动”，所涉及的上级机构辖区内的区域警务合作，基本上都比较顺畅，阻力较小。事实上，有

① 如果考虑到中国政治体制，上级政法委的协调也可归入这一类型。本书的讨论范围仅限于公安机关。

一些类型案件（如涉黑案件）的侦查活动，如无上级机构特别是公安部的强力推动，很难摆脱外界干扰，难以顺利结案。

（二）请求方直接与被请求方联系发动的区域警务合作

通过上级机构协调的途径具有较强的执行力，但是一是上级机构人力资源有限，显然难以完全满足实践中大量案件需要进行协调的要求，二是上级机构的介入导致增加审查程序（共同的上级机构级别越高，所需增加的审查程序就越多），可能会在一定程度上损害警务协作的效率，特别是那些紧急任务的执行效率，因此，由有协作需求的一方向异地公安机关发出协作请求，从而发动区域侦查协作的情形，在实践中更为常见。

《公安机关办理刑事案件程序规定》第 11 章“办案协作”对这种基本程序作出了明确规定。根据该规定第 310—317 条规定，县级以上公安机关办理刑事案件需要异地公安机关协作的，应当制作办案协作函件（《办案协作函》）；负责协作的县级以上公安机关接到异地公安机关请求协作的函件后，应当指定主管业务部门办理。对于获取的犯罪线索，不属于自己管辖的，应当及时转递有管辖权的公安机关；对异地公安机关请求查询犯罪信息、资料的，协助查询的公安机关应当认真查办，并及时反馈；异地执行传唤、拘传，执行人员应当持《传唤通知书》、《拘传证》、办案协作函件和工作证件，与协作地县级以上公安机关联系。协作地公安机关应当协助将犯罪嫌疑人传唤、拘传到本市、县内的指定地点或者到犯罪嫌疑人的住处进行讯问；异地执行拘留、逮捕的，执行人员应当持《拘留证》、《逮捕证》、办案协作函件和工作证件，与协作地县级以上公安机关联系，协作地公安机关应当派员协助执行；委托异地公安机关代为执行拘留、逮捕的，应当将《拘留证》、《逮捕证》、办案协作函件送达协作地公安机关。协作地公安机关抓获犯罪嫌疑人后，应当立即通知委托地公安机关。委托地公安机关应当立即携带法律文书及时提解，提解的侦查人员不得少于二人；异地公安机关请求协查犯罪嫌疑人的身份、年龄、违法犯罪经历等情况的，协查地公安机关接到通知后应当在七日内将协查结果通知请求协查的公安机关；交通十分不便的边远地区，应当在十五日内将协查结果通知请求协查的公安机关；需要异地办理查询、扣押或者冻结与犯罪有关的财物、文件的，执行人员应当持办案协作函件和相关的法律文书，与协作地县级以上公安机关联系，协作地公安机关应当指定主管业务部门协助执行。在紧急情况下，可以将办案协作函件和相关的法律文书电传呈协作地县级以上公安机关，协作地公安机关应当及时采取措施。委托地公安机关应当立即派员携带法律文书前往协作地办理。①

（三）经转警务合作办公室的区域警务合作

一些警务合作区的警务合作协议对区域警务合作的基本程序进行了更为详细的补充规定。仍以某警务合作区的规定为例，该合作区《打击刑事犯罪合作机制》中明确规定了区域侦查协作的基本步骤。这一规定非常具有代表性：

1. 合作启动的条件，也即合作需求的产生，包括：成员

① 《公安机关办理刑事案件程序规定》第310—317条。

单位提出情报信息和研判成果共享需求的；跨区域流窜犯罪案件需要成员单位联合侦办或者提供案件串并、搜集犯罪证据等协助的；因重大刑事案件侦查或缉捕重大犯罪嫌疑人的紧急工作需要，向成员单位提出对相关区域进行封控和人员排查的协作请求的；刑事案件在定性、搜集证据、缉捕犯罪嫌疑人等方面存在相当困难，或者手段诡异、采用高科技方法作案，以及采取强制措施或侦查手段存在重大争议等情形，办案地申请刑侦专家库人员联合会诊研判的；协作区内发生大要案件，需要成员单位协助缉捕犯罪嫌疑人、查证犯罪事实、布控涉案物品，或者根据案情及案件现场复杂程度，需要各成员汇集技术和专家智力资源提供支持的；协作区成员单位异地抓捕涉案人员或者看押犯罪嫌疑人需要配合的；有疑难案件及有广泛社会影响的案件发生，需要其他成员单位提供技术支持，或者异地勘查、检验鉴定时，需要其他成员单位提供支持配合的。

2. 合作请求的提出。对需要进行合作的事项，由合作提请方的牵头部门填写《警务合作审批表》（合作提请方），报经分管厅（局）长审批同意后，由本单位警务合作办公室登记备案并传真至合作提供方。

3. 合作请求的接收。合作提供方的警务合作办公室在接收合作请求，经登记备案并填写《警务合作审批表》（合作提供方）后，按照合作事项的紧急程度及相应时限要求，报送分管厅（局）长审批，并根据分管厅（局）长审批意见确定办理合作事项的牵头和参与部门，指导、督促进展情况。

4. 请求事项的办理。办理合作事项的牵头部门要及时对接合作提请方的牵头部门，按照国家相关政策、法律和本区域警务合作的基本原则与宗旨，商议具体措施和办法，确定专人落实，确保合作目标的实现。比如，对于“刑侦信息资源及研判信息共享”的协作，一是协助合作提请方开展案件分析研判；二是开放本地区刑事案件信息系统和研判平台，供其他成员进行查询、分析；三是及时通报警情，每日将本地区新发案件类型及新型作案手法挂网共享；四是互换信息资源，在公平互利的原则下，采取信息资源分类的方法，通过协商的方式，互换并整合同类别的信息资源。再如“跨区域案件分析、串并及证据搜集，联合打击流窜犯罪”的合作，一是按照合作发起方的分析研判要求，搜集同类手法案件信息，主动采取串并案措施，并将工作进展情况及时通知办案地，共享研判成果；二是发现与协查线索关联的其他线索，应当进一步调查核实。涉及本地案件的，应当根据案件管辖的有关规定，与合作发起方相互协商，确定管辖权并移交、转递案件线索和相关材料；三是抓捕实施流窜犯罪的嫌疑人员；四是协助调查取证，收集、固定相关证据，及时传递案件证据材料；五是锁控涉案赃物。

5. 办理结果的反馈。合作事项办结后，合作提供方的牵头部门要及时填写《警务合作反馈表》，报经分管厅（局）长审批。由本单位警务合作办公室登记备案并传真至合作提请方。

由上可知，与前两种区域警务合作不同的是，在经转警务合作办公室的警务合作中，请求方的协作请求并不直接发送给被请求方，而是通过合作区公安机关共同设立的警务合作办公室来进行转达。由于协作请求最终需要由具体的警务职能部门和警务人员来落实（即所谓“落地”），[①] 因而，这种模式有助于避免直接执行人员（直接执行人员所面对的首先是其本地警务合作职能部门的工作人员）的推诿，也可以减少感情办案的可能性，使合作显得更为专业。

需要说明的是，无论是哪一种协作方式，从其基本程序来看，除开放情报共享可由请求方访问和共享被请求方数据库外，其他“落地”侦查措施主要由被请求方应请求方之要求具体实施的。

四、我国区域警务合作的主要特点

诚如前述，区域警务合作涉及面非常广，但就基本特征而言，不同的合作领域却呈现出相近的一面。因此，为使论述更有针对性，并且根据现有规范和实践，我们主要以区域侦查协作为例来概括区域警务合作的基本特点：

（一）在合作原则方面，强调平等和共赢

各警务合作协议对合作原则的表述不尽相同，如环首都警务合作区规定的是“密切配合、通力合作、资源共享、优势互补”，泛西南警务合作区和苏浙皖沪警务合作区规定的则是

---

① 值得关注的是，有的区域警务合作框架协议如《环首都七省区市区域警务合作机制框架协议》中允许“遇有重大紧急突发案（事）件时，由案（事）发地公安机关省级指挥中心召集，集中调警，实施跨区域、多警种合成作战”，这种规定，是否允许在遇有重大紧急突发案（事件）时不通过异地公安机关协作而直接在异地执行侦查行为，值得研究。诚然，各省市区在辖区内异地用警则无任何问题。

“常态、共享、联动、共赢”，闽粤警务合作区的规定是“以邻为友、平等互惠；资源共享、优势互补；协同联动、注重实效”，黑琼警务合作区规定的是“依法、及时、无偿、高效、互惠”原则。[①] 上述规定，突出了区域警务合作中的两大最为重要的理念或准则——平等和共赢。

即使没有作出明确表述，但根据合作区警务合作协议的详细规定，以及目前区域警务合作实行轮值主席制和轮流主办区域警务合作联席会议等形式做法，也可以明确看到，区域警务合作突出强调了合作主体之间的平等性。甚至在以中心城市防卫为核心需求的警务合作区，根据其合作协议的规定，各合作主体的地位也是平等的，至少在策略意义上应该如此。平等地位是保障各方真诚合作的实质性基础，缺乏平等对待，即便有再多的共同警务需求，也无法赢得合作具体执行者的真诚配合。

如果承认平等是基础，那么共赢或互惠就是合作的目标。同一区域内不同地区的实际需求有差别，而不同区域之间也会有不同的中心需求，因而各警务合作区及同一合作区内部各地区均呈现各自特色，体现出个别化色彩。如前所述，环首都区域警务合作是以中心城市防卫为核心的，而其他一些区域，有的以紧密经济联系导致的警务需求为核心，有的以应对共同威胁为核心，不一而足。不过，个别化色彩不能掩盖所有警务合作区以及警务合作区内不同地区的共同目标，即通过开拓警务领域全方位合作，实现共赢目标。公安机关一直强调“全国公

---

① 也有学者将区域警务合作的原则归纳为“利益兼顾、资源分享、平等协作、差异互补”。参见魏永忠：《跨区域警务合作论——环首都地区社会安全防控警务合作体系研究》，中国人民公安大学出版社2009年版，第35页。

安机关一盘棋”理念，在区域警务合作的发展方面，公安部起了至关重要的统筹作用，但更为重要的或许仍是各合作区内部的警务互补性需求。互补性需求的存在是各方有动力参与合作的基石，如果利益不能互补且无外在强制性要求，那么一方对另一方的请求将不会作出回应。正因为可以互补的利益不同，所以警务合作区的组合才会存在差别，一个省之所以和这几个省而非那几个省组成警务合作区，背后的根本原因还在于利益的互补性。总而言之，共赢目标是各地公安机关产生合作需要的原始动力，各地公安机关寄希望于通过警务合作实现这一目标。可以想见，如果警务合作要以一方利益受损为代价来成全另一方利益，那么即使可以行政命令将各方强行捏在一起，共同采取联合警务行动，但其内在的离心力终将使这种合作趋于破裂，使之名存实亡。

（二）在合作的保障方面，以无条件和绝对无偿为原则，而以对等原则为补充

公安机关区域警务合作最引人注目的特征是其强调合作的无条件性和绝对无偿性。

首先，区域警务合作是无条件的。以侦查协作为例，《公安机关办理刑事案件程序规定》在第 309 条中专门规定：“对异地公安机关提出协助调查、执行强制措施等协作请求，只要法律手续完备，协作地公安机关就应当及时无条件予以配合，不得收取任何形式的费用。”该规定第 319 条规定，“协作地公安机关依照请求协作的公安机关的要求，履行办案协作职责所产生的法律责任，由请求协作的公安机关承担”。《公安机关执法细则》重申了这些规定，而《公安机关执法细则释义》对

此所作出的解释是“协作地公安机关在接到协作请求后，首先应当对法律手续是否完备进行审查，对于符合条件的，应当及时无条件予以配合，不得以警力不足、经费缺乏等为借口推诿”。[①] 由此可见，被请求方只负责对请求方的请求进行形式性审查，而不作出任何实质性审查，换言之，只要请求方的请求形式合法，被请求方即有义务为请求方提供最大限度的协助。从这个意义上讲，在许多警务合作过程中，被请求方仅仅充当了请求方决策的执行者的角色。

其次，区域警务合作强调其无偿性的。无条件本身即包含着不支付报酬之意。各地警务合作中进一步突出了警务合作的无条件性和绝对无偿性两项基本特征。某大区警务合作的《打击刑事犯罪合作机制》最后一条即规定“（三）工作经费。办理打击刑事犯罪合作事项的相关经费由合作提供方负责解决”，《跨区域案件管辖协调合作机制》规定“（三）工作经费。办理跨区域案件管辖协调合作事项的相关经费由合作提供方负责解决”，而该警务合作区的其他具体合作机制几乎都有类似规定。虽然有的警务合作合作协议也要求合作申请方承担合作提供方的部分经费，例如某大区警务合作区《处置群体性事件合作机制》中规定“跨区合作处置群体性事件的经费及后勤保障工作，路途往返由合作提供方自行负责，到达指定地点后由合作提请方负责解决”，但这种规定是一种特殊安排，仅对特殊警务需求设置，并不具有代表性。

也有一些警务合作区的合作协议中并未对协作经费问题作

---

① 公安部法制局编：《公安机关执法细则释义》，中国人民公安大学出版社 2009 年版，第 434 页。

出规定，但可以想见，其在具体实施时，如是侦查协作，亦应遵守《公安机关办理刑事案件程序规定》和《公安机关执法细则》关于无偿合作的规定。

上述两个特征，在《毒品案件侦查协作规定》中表达得更为直接和明确，该规定第4条规定，“毒品案件侦查协作必须坚持依法、及时、无偿的原则。严禁以任何形式推托、阻挠或拖延协作工作；严禁以任何形式索取协作费用”。

综上所述，我国所确立的是一种无条件和无偿区域警务合作制度，被请求方不能要求支付任何报酬，不能提出任何条件，而应尽全力给予支持，提供协助是被请求方的一项义务。

不过，少数警务合作协议中也提到了对等原则，如《环首都七省区市区域警务合作机制框架协议》曾在“警种地区联合作战机制”这一项规定中对“地区间对等合作”作出了如下规定：公安机关以及所属基层单位要通力协作、相互支持，经常保持联络沟通，对于一般性跨省间信息核查、犯罪嫌疑人抓捕、重点人稳控等工作，按照合作规定和对等原则给予积极配合。虽然协议未解释何为对等原则，但是就通常的字面理解，对等即意味着以对方待己之道对待对方。如果实施对等原则，则无条件和绝对无偿的原则将遭受挑战，因为对等原则所考虑的是对方的态度，给予对方无偿的配合，其前提是对方也给予己方同样的无偿配合，而这本身就是一个条件。

总的来说，尽管有少量例外的表述，但在实务中似乎都在回避“对等”之类内容，至少在相对较高层级的法律法规当中，都只强调无偿性和义务性。

（三）在合作形式上，协议合作与个案合作并行，互为重要补充

七大警务合作区以及部分非毗邻省份之间的警务合作区建设，将区域警务合作上升到省级公安机关之间或者省级公安机关下设总队级机构[①]之间，这些机关或机构的合作主要依据警务合作协议而为，可以称之为是“协议合作”。协议合作使各省的警务协作有了宏观的指导性依据，为跨大区域的警务合作提供了重大便利。

协议合作所呈现的一大重要特点就是，通过共同订立的规则，各地警务合作逐步迈向了规范化和常态化：一方面，依据合作协议构建了常态化沟通交流机制。沟通交流是警务资源互补的基本条件。[②] 目前的协议规定的主要沟通方式是联系会议机制、定期互访、召开协作例会、评析交流合作状态等，其中最为重要的是联络员（官）制度，即确定了各地警务联络的直接负责人，从而使警务合作能够长效化；另一方面，依据合作协议，在各省市区公安机关下设的各个公安业务职能部门之间建立了对口互助合作，从而使警务合作更具针对性，使合作走向纵深，运转更加细腻和流畅。

省一级（包括总队级）层面警务合作最大的优势在于省与省之间的整体警力调度和情报数据共享。不过，并非所有警务合作都需要上升到省一级层面。特别是基层公安机关，更需要

---

① 根据《公安机关组织管理条例》，公安机关的执法勤务机构实行队建制，称为总队、支队、大队、中队，但是从实践来看，有些省市区和省会城市公安机关未设刑侦总队或刑侦支队，而称刑侦局。

② 上海市警察协会第四课题组：《区域警务协作的路径选择和机制研究》，载罗锋主编：《第三届中国警学论坛文集》，中国人民公安大学出版社 2012 年版，第 344 页。

的是个案合作。而且，并非所有案件都是重大案件，许多案件中，需要提供合作的可能只是提供线索、代为执行拘捕、代为取证等较为单一的业务。基层公安机关除了借用省际搭建的平台外，更应寻求异地基层公安机关的直接协助。有的警务合作协议鼓励接边县、市直接开展合作，例如《闽粤（粤闽）警务协作协议》就明确规定“鼓励、支持和指导接边市、县公安局开展警务协作活动”。有的警务合作协议如《中国·泛西南警务合作框架》明确“鼓励和支持各成员单位直属部门（警种）和下级公安机关及其部门（警种）之间对照本框架及其具体机制的规定，就职权范围内的警务事项开展广泛、深入的点对点合作，以实现区域警务合作的快捷、简便、高效，最大限度地服务实战”。[①] 不过，现有的大区警务合作协议在鼓励基层点对点的合作方面总体而言还比较模糊，不够具体。大量的地区警务合作实际上仍然是根据现有的立法框架进行，并无更具体的可操作的规范。[②] 更何况，各大区警务合作往往只设定若干个省为合作主体，对于各省与合作区之外其他省的合作并不涉及，因此，与合作区之外的省、市、区的合作仍需通过大区警务合作协议之外的规范来完成，即在涉及到协作需要时，如果这些地方之间没有合作协议，则仍需要根据《刑事诉讼法》和《公安机关办理刑事案件程序规定》等规范来开展个案合作。

警务合作区框架下的警务合作与现行立法框架下的个案合作并不矛盾，而是互为补充的关系。大区警务合作解决了相互

---

① 参见《中国·泛西南警务合作框架》。

② 《刑事诉讼法》、《公安机关办理刑事案件程序规定》并未限制采取协作的公安机关的地域范围和级别，理论上任何两地公安机关之间的协作都是符合法律法规规定的。

紧密联系的各省之间的重点警务需求，而个案合作则能灵活解决非同一警务合作区的基层公安机关随时可能出现的各种合作需求。

（四）在合作内容方面，基本覆盖各大警务领域，并且开拓了新的合作途径

《刑事诉讼法》、《公安机关办理刑事案件程序规定》和《公安机关执法细则》中关于协作内容的规定有限。不过，《毒品案件侦查协作规定》已经将侦查协作扩展到了侦查活动的各个层面，而各合作区的警务合作框架协议则进一步将合作的具体内容扩展到了各个警务领域，甚至包含了对警务活动的理论研究，这项内容被纳入区域警务合作，也充分说明公安机关力图为其警务活动寻找更充分的理论依据，并为进一步的警务改革提供理论基础。实践中，基于各项警务活动的区域合作都不鲜见。

区域警务合作所涉及的警务内容中，尤其值得关注的是传统警务与现代信息警务的整合。传统合作以侦查（特别是破案追逃）为核心，但是，当前的区域合作发展，合作领域在不断拓宽，从侦查辐射到了前述各框架协议所规定的各个领域，实现了从侦查到维护稳定、应急处突、犯罪预防、治安管理等全方位协作，其中尤以包括共建数据平台和系统数据对接为主要内容的情报信息共享最引人注目。

不仅如此，传统警务的合作形式也呈现出新的变化，其中最为明显的就是现代信息科技在警务合作领域的应用。信息警务是现代警务的重要标志之一。以侦查为例，诚如前述，侦查协作的基本内容包括协助调查；异地执行强制措施；委托异地

公安机关执行拘留、逮捕，移交犯罪线索，协助查询犯罪信息、资料，协助执行传唤、拘传，代为执行拘留、逮捕，协查犯罪嫌疑人的身份、年龄、违法犯罪经历等情况；异地办理查询、查封、扣押或者冻结与犯罪有关的财物、文件等。[①] 随着信息技术在公安工作中的深度应用以及公安执法理念的不断创新，公安机关不断建立高效便捷的信息采集系统、信息查询系统、数据传输渠道、实时监控网络等，并以科技手段为依托、以网络应用为平台、以服务实战为宗旨，多渠道汇总、多角度接触、多领域应用、多层面管理警务信息。信息化警务具有精确、快速等特点，[②] 在可预见的将来，只要不突破法律的隐私和数据保护界限，警务信息化工作仍将大力推进。警务信息化不可避免要对传统警务模式产生深刻影响，除了信息传输的速度和方式大为改进外，更深刻改变侦查模式的是以网络化警务信息系统为物质基础，以跨区域涉案信息一体化为中介，通过网上作战发现、控制犯罪逐渐变成区域侦查协作的重要方式之一。随着警务信息化的推进，涉及警务的各种信息均可在网络中进行录入、审批和上报等，使不同地区公安机关的信息流和工作流具备了合而为一的客观条件，从本质上将区域警务合作从“随机协作”转化为“提前研判预警、针对性串并和实时化利用”，警务合作中的信息也从过去的单一信息演变成单一信息在多个方向、多个层次上连锁展开的各类关联信息，警务合作可资利用和查证的线索骤然增多，侦查缉捕和防范控制能

---

① 参见《公安机关执法细则》的相关规定。

② 与此相关，信息主导警务、情报主导警务理念和模式已经深入人心，成为公安机关当前警务创新的巨推动力。

够根据轻重缓急和相互关联程度，自主地、有目的地顺序展开。[①] 在这些线索中，只要有一条能够深入彻查，并由此发现某一涉案信息的碰撞情况，就能够使警务合作取得实质性突破，大大拓展警务合作的有效路径。[②] 也可以想见，基于警务信息化的推进，撇去信息化本身的软硬件、人员培训等成本，相比于传统侦查模式，信息化时代的个案侦查成本将呈下降趋势，侦查人员出差到异地调取证据、查询线索、抓捕嫌疑人等需求将减少，而更多的协作内容将通过网络进行，并由具体涉及地的公安机关实现侦查措施的“落地”。

诚然，因为立法及规范总体上不够完善，而警务合作区范围也比较有限，实践中并不能保证各地公安机关能为异地公安机关的所有警务活动均提供全力协作。

五、我国区域警务合作面临的现实障碍

客观而言，区域警务合作整体上表现出蓬勃向上的发展趋势，特别是在打击流窜犯、追捕逃犯、情报交流等方面取得了不俗战果，实践中并不缺乏区域警务合作的成功之举，其中有些案件中显现出来的各地公安机关的合作甚至近乎完美。但是，数据上的辉煌和个案的成功并不能掩盖区域警务合作在整体上的失范状态和不确定性。与立法以及各大区警务合作框架协议预设的广泛的无条件和绝对无偿协作不相协调的是，实践

① 刘峥：《科学认识和把握区域警务合作的时代背景》，载罗锋主编：《第三届中国警务论坛文集》，中国人民公安大学出版社 2012 年版，第 351—352 页。

② 同上。

中的区域警务合作呈现出一系列问题。

公安机关亦观察到了区域警务合作中存在的许多问题，例如某省在2011年上半年开展环首都区域警务合作工作总结时即明确指出环首都警务合作存在合作模式不完善、合作层次不深、合作效率不高等问题：在合作模式上，协作区各级公安机关刑侦部门的协作大多停留在协查案件、协捕逃犯的层面，协作形式单一问题没有改变，犯罪情报交流、组织联合办案、开展并案侦查、组织区域性联合行动等方面的刑侦协作仍没有全面开展。在合作层次方面，各省向其他省（区）开放的部门查询权限十分有限，导致情报信息的综合利用率较低。对有广泛社会影响的案件，各地能够给予高度重视，协作力度大，但对危害小、性质不严重的案件，往往因为警力、财力等原因，合作力度较小。在合作效率方面，该区域各省市区公安机关还没有实现扁平化指挥、快速反应的通信保障能力。

在具体业务方面，2009年的《中南暨泛珠三角十一省（区）第五届刑侦协作会议》也指出，“一年来，协作区的刑侦协作虽然取得了较好成效，但区域内也存在一些不容忽视的问题和薄弱环节。一是刑事情报信息壁垒仍然存在，网上协作优势没有充分发挥。二是协作领域有待拓宽。三是各地协作工作质量与水平存在差异，监督制约和激励机制不健全，一些地方的刑侦协作工作存在薄弱环节”。而在个案合作方面，有一线民警更是针对追逃工作撰文指出，“协作地公安机关接到通缉令、协查通报等协查函后，普遍不重视，不按通报要求认真采取查控措施。收到外地发来的调查函后不认真查实、不及时反馈，以致发函地公安机关无法发现在逃犯罪嫌疑人或延误抓捕时机”。[①]

在理论界，部分学者曾总结过区域警务合作中的若干制约因素。如有论者认为，地缘优势资源条件的差异限制（环境因素）、应对社会风险的地域控制差异（策略因素）、协作机制支撑结构的松紧差异（基础因素）和地方立法基础上的法制体系差异（外线因素）限制着区域警务合作的发展。[②] 有的论者认为，目前各地区警务协作的时间还不长，实践尚不充分，措施较为单一，仍然存在着诸多问题，制约着警务合作深入开展的问题主要集中在五个方面：第一，思想认识不到位；第二，信息资源不足；第三，合作层次不高；第四，司法尺度不一；第五，治安防范的协调有待加强。[③] 有的论者认为，我国区域警务协作中，地区“本位主义”与全国“联动共享”相矛盾、协作制度约束与协作需求基础相脱节、内部机制建设与统筹协调发展相制约。[④] 还有的论者则将障碍因素归结为警务资源难以合理整合，其障碍因素包括传统的公安管理体制（制度障碍）、结果导向的考核机制（机制障碍）和固有的工作模式和组织文化（环境障碍）。[⑤]

更多论者则着眼于区域侦查协作的研究，指出了区域侦查

---

① 余灏：《创新型警务建设加强命案追逃工作》，载《创新型刑侦警务建设专题征文优秀征文集》，《北京刑侦研究》2011 年 12 月编印。

② 上海市警察协会第四课题组：《区域警务协作的路径选择和机制研究》，载罗锋主编：《第三届中国警学论坛文集》，中国人民公安大学出版社 2012 年版，第 338—340 页。

③ 张萌：《我国区际警务合作共同打击犯罪问题研究》，《法制与社会》2009 年第 6 期。

④ 上海市公安局虹口分局课题组：《区域警务协作机制建设研究》，《上海公安高等专科学校学报》2011 年第 5 期。

⑤ 饶俊新：《区域警务合作，提高公安组织整体功能的策略选择》，载《中国行政管理学会 2011 年年会暨“加强行政管理研究，推动政府体制改革”研讨会论文集》。

协作中存在的种种问题及其成因：有的论者认为，现存侦查协作管理模式下侦查协作的弊端主要表现为协作效率低、侦查资源利用性差、预后性差。[1] 有的论者认为，当前侦查协作存在诸种问题，其中，地方保护主义是侦查协作的主要障碍，侦查管理制度存在问题，侦查协作的绝对无偿性原则使侦查协作不能顺利进行，警力不足，侦查队伍整体素质也不高，不适应侦查协作的需要，而且侦查协作没有明确的监督、投诉制度。[2] 有的论者还指出，协作区建立数量上的不足和布局的不合理、侦查协作责任规定不周全也阻碍着侦查协作的运行。还有的论者认为，考核不科学也是侦查协作不畅的重要因素。也有论者专门撰文指明非地缘区域警务合作中的问题，即因开展的时间、力度、领域、深度的不同，发展中的不平衡、合作基础的不牢靠性还是显而易见的，这些现象的存在既有区域警务协作的共性难题，也有地缘间隔等因素带来的困扰，包括：环境因素，即地缘优势资源的先天缺损；策略因素，即应对社会风险的控制差异；基础因素，即协作支撑机制的松度结构；外线因素，即法制体制的空缺虚位。[3] 还有论者专门指明了职务犯罪侦查协作机制中存在的大量问题和疏漏，即法律规定有疏漏、侦查协作机制不完善、保护主义、侦查协作信息共享平台缺失等几个方面。

各大区警务合作协议也已经注意到了警务合作推动不易的

---

① 裘树祥：《现行侦查协作管理模式存在的问题与改革设想》，《公安大学学报》2000 年第 4 期。

② 苑军辉、窦琳琳：《论侦查协作》，《辽宁警专学报》2009 年第 5 期。

③ 陆勇华：《略论非地缘区域警务协作的路径设计》，《上海公安高等专科学校学报》2011 年第 2 期。

现象，所以在框架协议文本中着重强调要各地公安机关领导高度重视这项工作。例如，某大区《区域警务合作机制框架协议》规定“要把深化‘区域警务合作机制’作为领导责任制的重要内容和‘一把手’工程，切实加强组织协调，层层分解任务、落实责任，严格检查考核。对可能影响首都和各毗邻地区稳定的重大事件和问题，属地公安机关主要领导要亲自过问、亲自协调、亲自督促解决”。这种规定固然有助于推动警务合作的顺畅进行，但从另一个角度也反衬出警务合作规范的推动力不够，仅仅通过规范的制约，并不能保障警务合作自然秩序地进行。

总的来看，虽然区域警务合作已经取得了众多成就，特别是协议合作极大改变了警务合作区内各公安机关之间的合作形式，但是协议合作的创建为时尚短，协议所规定合作模式需要在实际运作中进行磨合，而非协议合作的协作范围都还比较窄，协作力度也不理想且基本上还处于“感情协作”境况。从实践来看，不论协议合作还是非协议合作，当产生协作需要时，请求方首先要考虑的仍然是被请求方有没有熟人或朋友，靠关系办案几乎成为个案警务合作的重要准则。

在统一的法制、基本相同的警务政策之下，为什么合作协议和法律规范中所确立的无条件和无偿合作难以顺畅进行呢？结合前引理论界和实务界的总结以及对区域警务合作实践的直接观察，我们认为，对于区域警务合作而言，现阶段至少存在如下几个值得特别关注的问题或障碍因素：

（一）合作的无偿性和无条件性阻碍了区域警务合作的进一步发展

公安机关被法律假定为国家利益的代表者，其执法是为了执行国家法律，在此意义上，由警察个体和若干具体执法组织所构成的“警方”在博弈中不应有警察个体或警察组织的私利。同时，基于执法公正的需要，在严格执法回避制度下，[①]具体个案所涉及到的各种利益关系都与执法人员无关，警察个体、警察组织与执法对象或执法所涉及到的其他人员均无个人利害瓜葛。因此，警察应是独立于其他博弈参与者之间的利益关系之外的。各地公安机关同属国家机构行列，业务上接受上级公安机关统一领导，理论上应为一体。

但是从另一方面来看，各地公安机关无独立利益之说法是极不现实的。尽管最初与具体的案件利益无涉，但警察个体和警察组织因其介入案件而形成新的利益关系。警察组织要对产生该组织的机构负责，要证明其存在具有合法性和正当性基础。换言之，警察组织要对社会有所交代，而警察个体不仅要向社会证明其存在的价值，还要向组织展现其能力，为其晋升、薪酬等打下基础。事实上，如果警察组织和警察个体的利益不会渗入执法工作，那么激励机制也就没有了存在的价值。

---

① 《刑事诉讼法》第28条规定：“审判人员、检察人员、侦查人员有下列情形之一的，应当自行回避，当事人及其法定代理人也有权要求他们回避：（一）是本案的当事人或者是当事人的近亲属的；（二）本人或者他的近亲属和本案有利害关系的；（三）担任过本案的证人、鉴定人、辩护人、诉讼代理人的；（四）与本案当事人有其他关系，可能影响公正处理案件的。”第二十九条规定：“审判人员、检察人员、侦查人员不得接受当事人及其委托的人的请客送礼，不得违反规定会见当事人及其委托的人。审判人员、检察人员、侦查人员违反前款规定的，应当依法追究法律责任。当事人及其法定代理人有权要求他们回避。”不过，法律并未规定侦查组织的回避问题。

但相反的现实是，我们一直在提倡要创新警务激励机制，激励机制的一个很重要层面就是激励的个别化，而人在一定程度上是利益驱动的。因此，一旦警察个体和警察组织参与了具体的警务活动，该活动的结局就与其有了利益关系。从这个意义上讲，警察个体对执法博弈收益的期待就不仅仅只是完成任务那么简单，还应包含通过完成任务而获取的其他收益。比方说，《刑事诉讼法》在设定回避制度时，还要求担任过本案侦查人员的，不得担任该案的审查起诉、审判人员，这实际上就是因为一旦侦查人员参与了某案的侦查，在法律上即视其与该案形成了利益关系。

因此，不同公安机关以及其下设的各种固定或临时的组织实际上均有各自部门利益，是相对独立的个体。更何况，以执法活动所需成本而言，提供协作将消耗被请求地公安机关警务资源，而在我国，警务资源主要由地方政府财政支付，除非两地公安机关相互请求的程度和次数大致相当，否则消耗资源较多的一方难以接受。有些经济落后地区，人力、财力应付本地警务尚显不足，更谈不上积极提供无条件协作。这一状况并非我国特有。例如，瑞典法律虽然授权检察机关在侦查犯罪时要求警察支援，[①] 但是实践中，有的警察机关会以资源不足为由而拒绝为检察官提供个案支援。为此，瑞典司法部长任命的一个委员会于2005年提交了题为《检察机关与警察机关任务与

---

① 参见陈琴、刘为军：《瑞典的检警关系及其发展趋势》，《中国刑事法杂志》2009年第3期。详细规定出自《瑞典诉讼法典》第24章第3条第2款，原文为："主持侦查的检察官可以要求警察机关提供支持。基于特别措施的性质认为合适的，检察官也可以指令警察采取该特别措施以协助侦查。"参见刘为军译：《瑞典诉讼法典》，中国法制出版社2008年版，第77页。

责任的重新配置》[①] 的专家意见，该意见明确表示，为了解决检警以资源问题为由而产生合作问题，需要对现行规定作出补充，应当让警察机关专门分出一些资源来支持检察机关所主导的侦查活动。[②]

在区域警务合作区内部进行的协作同样存在这个问题。现行合作区设置本身的各种原因，导致警务合作过程存在诸多不足。前已述及，部分合作区设置的大城市中心主义色彩较为浓厚。合作区内各省、市、区的经济、政治、社会、文化发展存在一定差距，有的差异还非常大，虽然理论上以及各合作协议在规范上都要求“平等合作”，但各地合作需求实际上是不对等的。[③] 比较典型的如环首都警务合作区，该合作区的设立就是显而易见以北京为核心的。[④] 同样地，苏浙皖沪区域警务合作区也必然是以上海为核心构建的。在实践中，围绕中心直辖市构建的区域警务合作区的其他省市区公安机关往往被形象地称为“护城河”，这是典型的大城市中心主义描述。上述局面，与犯罪的客观情势密不可分，即中心城市与周边省份在犯罪流动、犯罪输出输入等方面联系紧密，加强彼此的区域警务合

---

① See *A New Allocation of Tasks and Responsibility between the Police and Public Prosecution Service*, Swedish Public Reports（SOU）2005：84。需要说明的是，在瑞典，检察院和警察机关是平行的侦查主体，他们的侦查权划分不是以刑法罪名为依据，而是根据案件是“简单”还是“复杂”，复杂的案件由检察院侦查。参见陈琴、刘为军：《瑞典的检警关系及其发展趋势》，《中国刑事法杂志》2009 年第 3 期。

② 陈琴、刘为军：《瑞典的检警关系及其发展趋势》，《中国刑事法杂志》2009 年第 3 期。

③ 以某省数据为例，2010 年 9 月 27 日—2011 年 2 月 28 日间，其该省共为合作区各成员单位破案 1405 起，协作区其他成员单位为该省破案 211 起；为协作区各成员单位间调取刑事案件犯罪证据 3101 份，其他成员单位为该省调取证据 655 份；为协作区成员单位抓获网上逃犯 653 名，其他成员单位为该省抓获网上逃犯 441 名。

④ 对这一判断的详细阐释，参见魏永忠：《跨区域警务合作论——环首都地区社会安全防控警务合作体系研究》，中国人民公安大学出版社 2009 年版，第 38 页以下。

作，可以形成区域性打击犯罪合力，有效提高各地公安机关联合打击犯罪的整体能力和水平。然而，拱卫京城或其他中心城市对于区域经济、政治、社会和文化的协同发展整体有利，但如果各地互补性利益不足，仅凭中心城市之外其他公安机关的政治觉悟或上级公安机关的三令五申，是无法支撑具体执行区域警务合作的公安机关的持续配合的。

与需求不对等、不相适应的是，法律法规及合作协议作出了无偿、义务性的合作要求，这极易使经济落后地区的公安机关产生不平衡感，特别是目前的现状是，中心城市流动人口犯罪现象比较突出，由于人口的流动主要由经济落后地区流向经济发达地区，因此，外来人口作案后，按照现行刑事诉讼法关于管辖的规定，原则上应由犯罪地公安机关侦查，但侦查必然要涉及到对作案人情况的调查（包括对相关数据库的检索），在这方面，中心城市的需求远高于周边省份的需求。在这种背景下，强行要求经济落后地区为中心城市无偿提供协作，尽管理论上有中心城市对应提供的无偿协作，但由于双方需求的不对等性，这种模式无异于“劫贫济富”，自然无法永续发展。

或许海峡两岸的区际警务合作中现实障碍可以视为大陆各省、市、自治区区域警务合作现实障碍的放大版：有台湾地区研究者抱怨大陆在执行《金门协议》等方面反应较为冷淡，并未积极配合；[①] 而大陆亦有司法人员指出办理涉台刑事案件时遇到不少问题，在证据采信、协助调查等方面都有障碍。[②] 对

① 高政昇：《两岸共同合作打击犯罪之探讨》，《2001 年犯罪防治学术研讨会论文集》，台湾地区中央警察大学 2002 年印，第 24—28 页。

② 刘道伦：《两岸共同打击刑事犯罪存在的问题及对策探讨》，http：//www. smjcy. xm. fj. cn/news/show. aspx？ id =3483，2010 年 8 月 15 日浏览。

此，有台湾地区的研究人员抱怨中国大陆协作力度不够，其所指认的一个重要原因是中国大陆公安机关提供协作的动力不够，双方协作呈现不对等。例如有数据表明，在协助查缉、遣返方面，历年来中国大陆对于台湾地区要求遣返的人数，其执行程度约为 12.4%，而台湾地区对于中国大陆要求遣返的人数，执行程度为 66.6%。其背后的原因可能是合作利益诱因不大，在共同警务方面，台湾地区有求于中国大陆者远较中国大陆有求于台湾地区者多。[①] 如果承认这一点，则两岸区域警务合作方面，针对不对等的协作需求，无条件协作机制无法对中国大陆执法机关产生足够激励。[②] 若非高层高度重视对台工作，恐怕大陆对台提供的警务合作效率还将大打折扣。[③]

就此看来，无条件合作的制度安排，其本意是促进警务合作，但是合作的义务性和绝对无偿性反过来又成了警务合作的阻力。如无特别的激励设置，警务资源相对缺乏的一方必然欠缺积极为他方提供协作的动力。

（二）地方保护主义严重制约区域警务合作的进一步发展

在现行制度下，地方保护主义表现为两种形式：其一是警务人员自身的地方主义观念；其二是地方政府、党委、人大等机构将地方保护主义观念强加于办案单位。前一种地方主义观

---

① 参见张远煌、刘为军：《海峡两岸毒品侦查协作研究》，《法治研究》2011 年第 2 期。

② 关于海峡侦查协作机制的更详细阐述，参见张远煌、刘为军：《海峡两岸毒品侦查协作研究》，《法治研究》2011 年第 2 期。

③ 有关海峡两岸侦查协作的详细论述，参见本书附录一。

念产生的根源是我国的公安体制是条块结合的体制，警务领导机关自上而下的指挥协调作用不力，客观上使具体职能部门的成员认为该地方经济繁荣与否、社会治安情况及地方的声誉与自己休戚相关，从而产生归属感。后一种地方主义观念是地方政府、党委或人大等机构强加于公安机关的，也是警务合作运行不畅的主要原因。在现行体制下，公安机关人事、预算等受制于地方政府，在实际工作中当地方利益与国家整体利益发生冲突，地方领导出面干涉时，警务人员很容易牺牲整体利益，保全地方利益。[①] 例如，曾有论者指出，受狭隘的地区利益观和部门利益观的驱使，有些地方党政领导片面地认为不论是什么款物，只要到了本地就是本地的利益，外地公安机关追赃就是侵害本地利益，而一些犯罪嫌疑人则因为利用非法所得为本地办了一些“好事”，被认为是“有功之臣”保护起来。有的地方公安机关受命于当地领导，在查办案件时打外护内，少数地方的个别领导或警察甚至充当犯罪的保护伞。这种地方保护主义使地方与地方之间形成了执法壁垒，严重破坏了国家法制的尊严和统一。[②] 而据我们的观察，实践中，异地警方提供协作（特别是提供技侦、协助抓捕等服务）之前或之后要求申请方提供经费的做法屡见不鲜，俨然已经成为一种“潜规则”。

虽然有的地方公安机关提出，在日常警务活动中，应开展

---

① 参见任惠华、栾时春：《我国侦查协作的法律规制及运行评析》，《贵州警官职业学院学报》2004 年第 5 期。原文专门论述的是侦查协作中的地方保护主义问题，但其与警务合作中的问题及成因具有同质性，故本书将其阐述延展至警务合作。

② 参见程小白：《我国经侦工作面临的矛盾及其协调发展对策》，《公安大学学报》2000 年第 4 期。

多种形式的协作与配合，合理制定各类制度、措施，对双方协作办理的案件优先予以处理。[①] 如无配套机制保障，这种提法最终难免沦为空中楼阁。

地方保护主义的盛行曾一度被认为与政法机关经费来源有关。政法机关经费保障问题基本得到解决后，这一问题是否就消失了呢?

中央一直致力于解决政法机关经费问题。自 2008 年起，中央及有关部委先后出台了《中央政法委员会关于深化司法体制和工作机制改革若干问题的意见》、《关于加强政法经费保障工作的意见》和《政法经费分类保障办法（试行）》，推行政法经费保障体制改革，"政法经费保障将由先前地方财政承担、'分灶吃饭、分级负担、分级管理'的体制转变为中央和地方'明确责任、分类负担、收支脱钩、全额保障'的体制，并建立分类保障政策和公用经费正常增长机制"。[②]

至 2011 年 3 月，据公安部有关负责人介绍，作为政法经费不足问题最为突出的公安部门，在改革实施后，基层公安机关经费保障水平显著提高，从根本上扭转了过去缺少经费的困难和被动局面，公安机关维护社会稳定、打击犯罪、服务社会的能力和战斗力明显提高。[③] 在中共十八大特别是十八届四中全会通过《中共中央关于全面推进依法治国若干重大问题的决定》之后，司法体制改革加速，可以想见，政法机关的经费将

---

① 源自公安网：《"警务协作"搭台　上演"维稳"大戏——徐州贾汪分局协作联动常态化解保边界地区平安稳定》。

② 徐昕、卢荣荣：《中国司法改革年度报告（2009）》，http：//www. aisixiang. com/data/39677. html，2014 年 11 月 5 日浏览。

③ 李恩树：《中国初步建立政法经费保障体制　力避政法机关为钱办案》，《法制日报》2011 年 3 月 11 日。

得到更充分的保障。

政法机关经费保障问题的基本解决，使地方保护问题有所好转，但这种好转并不具有根本意义。公安机关的管理体制以块为主，即以所属政府和党委的管理为主，有其合理性，因为几乎所有地方公安机关承担的大多数警务都是地方性的，公安机关由地方政府领导，有助于公安机关的警务活动更贴近基层，反映地方对警务活动的需求。从地方自治权和民主管理角度上来说，地方的领导也有助于公安机关接受其警务服务对象所在地的民意的监督，有助于警务活动的透明化和民主化。因此，对于公安机关来说，撇开人事安排等问题不谈，就其警务内容本身而言，其要摆脱地方影响也是不太现实的，警务主要还是为辖区服务的，办案时所依赖的主要也是当地资源。如果警务得不到当地政府部门和群众的紧密配合，公安机关将举步维艰。因此，仅仅寄希望于通过经费保障来解决区域警务合作不利并不现实。[①]

（三）现行区域警务合作欠缺包括责任机制在内的完善的配套机制，致使合作执行力不足

仅仅提出合作的理念显然是远远不够的。现行区域警务合作规范和合作协议虽然对合作理念、合作形式、合作程序等作出了一定规定，但从前引规范内容亦可看出，多数规定仍属于原则性规定，缺乏配套机制保障，可操作性不强。尤其是作为合作最终保障的责任机制不完善，更使合作执行力

① 即便经费保障有效，其保障部门仍是各省、市、自治区，并不能确保与他省协作中的顺畅。

大受影响。

现行区域警务合作规范已经对责任机制作出一定规定。《公安机关执法细则》第 24 章对协作手续和工作要求以及网上跨区域办案协作的基本程序等作出了规定，并明确规定不履行办案协作职责应承担法律责任。如第 24—06 条规定："1. 对不履行办案协作职责造成严重后果的，对直接负责的主管人员和其他直接责任人员，应当给予行政处分；构成犯罪的，依法追究刑事责任。2. 协作地公安机关依照请求协作的公安机关的要求，履行办案协作职责所产生的法律责任，由请求协作的公安机关承担。"在法律法规方面，对责任问题规定最为详细的是《毒品案件侦查协作规定》，该规定第 18—21 条规定，"对协作办案中不通报情况、不协助调查或不配合工作，贻误战机造成重大损失的，要追究直接责任者和有关领导的责任"，"对协作不力的公安禁毒部门，上级公安机关可以通报批评、责令整改"，"对未办理协作手续，擅自到异地办理毒品案件的，上级公安机关和异地公安机关都有权予以制止和纠正"，"对在协作过程中玩忽职守、滥用职权、泄露秘密、徇私枉法等构成犯罪的，依法追究刑事责任"。这些规定比《公安机关执法细则》更为具体，考虑到后者最初颁行是在 2010 年底，而前者实施时间为 2002 年，则后者不但没有进一步明确协作责任问题，相反还不如前者详细，不可谓公安机关决策部门之失误。即便如此，考究《毒品案件侦查协作规定》的具体内容，其将责任区分为通报批评、责令整改和刑事责任等类别，仍然非常原则，缺少关于不同责任适用条件、适用主体和适用程序等的细致规定。

少数警务合作框架协议也有相应体现，但同样过于务虚，原则性强，远不如《毒品案件侦查协作规定》清晰，典型的如《环首都七省区市区域警务合作机制框架协议》、《中国泛西南警务合作框架》等甚至对责任问题未有只言片语。

根据合作规范或合作协议，被请求方应承担协作义务，但却不规定具体承担什么法律责任、由谁来追究责任以及如何监督责任落实，那么规范及协议中的义务性规定将不具备威慑力，众所周知，不附随制裁后果的义务并不能算是真正意义上的法律义务，而更接近或等同于道德义务。

责任追究机制不够完善，而作为其反面的激励机制也有待补充。在现有关于区域警务合作的规范中，《公安机关执法细则释义》曾对抓获网上在逃人员的激励问题做过说明，即“对于抓获网上在逃人员的，协作地公安机关可以按照公安部《关于实行‘破案追逃’新机制的通知》的规定，向立案地公安机关收取一定的追逃奖金”。[①] 此外，《毒品案件侦查协作规定》第23条也明确规定，“对毒品案件协作工作成效突出的单位和个人，上级公安机关给予表彰和奖励”。除此之外，还看不到其他规范层面的正面激励机制。各大警务合作区的合作协议中，至多只是提出要建立激励机制，但却看不到可以直接执行的具体激励措施规定。

郑也夫先生曾指出，“几乎没有无代价的合作，几乎没有无内耗的团体生活……内耗和代价是不可避免而又值得算计

① 公安部法制局编：《公安机关执法细则释义》，中国人民公安大学出版社2009年版，第434页。《公安机关执法细则释义》本身并不是一项规范，但其通过指引侦查人员如何理解《公安机关执法细则》，对执法活动有切实影响。

的”。[1] 等同于无条件合作的区域警务合作制度描绘了各区域紧密合作的美好蓝图，但是，欠缺相应配套机制使其失色不少，梦想难以照进现实。

① 郑也夫：《代价论——一个社会学的新视角》，生活·读书·新知三联书店 1995 年版，第 28 页。

第五章

博弈论视野下区域警务合作的基础和条件

诚如前述，博弈论研究人的博弈现象和博弈行为的一般现象，其所抽象出来的关于博弈的模型和理论对于我们分析具体的行为，具有普遍性价值。博弈论上有着非合作博弈与合作博弈的类型区别，二者的主要区分点在于所研究的博弈参与人在互动时能否达成有约束力的协议，如果可以，就属于合作博弈，如果达不成，则属于非合作博弈。①

既然博弈论可以作为警务研究的一项重要工具，而区域警务合作所展现的主要是各地公安机关之间的合作关系，正好与合作博弈理念契合。而且区域警务合作所强调的合作主体之间的平等地位，也与典型博弈分析中关于博弈参与者地位平等的假设一致。

合作博弈强调团体理性、效率、公正和公平，而非合作博

---

① 刘为军：《合作侦查博弈研究》，《中国人民公安大学学报（社会科学版）》2011年第5期。

弈强调的是个人理性和个人最优决策，其结果可能是有效率的，也可能是无效率的。[①] 值得一提的是，两者的这种差别并不等于说合作博弈论只认同团体之间的合作，而排除个体之间的合作，相反，基于个体主义和理性的要求，在满足自利时，合作也会发生。所以，我们通常分析的合作博弈，主要是指当事人在合作意愿下开展的互相让步并相互提供协作的行为。

如何看待各地公安机关基于合作目的而开展的警务行动？如何促进他们彼此之间的合作？我们可以先从抽象层面或一般意义上看看合作博弈理论上是如何分析多主体之间的合作问题的。

一、合作博弈理论视野下的区域警务合作基础

美国著名的博弈论学者罗伯特·艾克斯罗德专门研究过合作演化的三个阶段，归纳如下：第一阶段为起始阶段。在此阶段，在一个无条件背叛的世界中可以产生合作，特别是以相互回报为宗旨的小群体之间，只要出现交往的可能，便会产生合作。第二阶段为中间阶段。在此阶段，在许多不同类型的策略组成的环境里能够生成基于回报的策略。第三阶段为最后阶段。在此阶段，一旦建立起基于回报的合作，就能阻挡不太合作策略的侵入。[②]

---

① 刘为军：《合作侦查博弈研究》，《中国人民公安大学学报（社会科学版）》2011年第5期。

② 参见［美］罗伯特·艾克斯罗德著，吴坚忠译：《对策中的制胜之道——合作的进化》，上海人民出版社1996年版，第15页。

对于合作博弈的基础，大卫·休谟的阐述相对更为形象："因此，我就学会了对别人进行服务，虽然我对他并没有任何真正的好意；因为我预料到，他会报答我的服务，以期望得到同样的另一次的服务，并且也为了与我或与其他人维持同样的互助的往来关系。因此，在我为他服务而他由我的行为得到利益以后，就诱导了他来履行他的义务，因为他遇见到他的拒绝会有什么样的后果。"1976 年罗伯特·特里弗斯提出"互惠的利他主义"亦有异曲同工之妙。①

"除非人们在进行无限期的重复博弈，否则，在可以预见他们的关系终结的时期，理性的互惠就不可能运作起来"，因而，一个最简单的展现合作、互惠的博弈就是无穷期的重复博弈。"这一个博弈中所有的均衡都是发生在当所有的人都不能隐瞒自己的任何信息，对明天的关注与对今天的关注是一样的条件下，重要的是，在参与者任意的初始博弈（original game）中所达成的任何有效率的结果，都近似于在重复博弈中所达成的均衡结果"。②

据此，在个人理性的假设下，合作的出现主要是因为博弈双方将再次相遇，这种可能性意味着今天作出的选择不仅决定着当前对局的结果，而且影响着参与者以后的选择。因此，"未来会在当前投下它的影子并影响当前的博弈局势"。③ 如果借用学者们对信誉机制发生作用的条件的论述，警务领域中的合作博弈要在现实中呈现，也必须符合四项条件的要求：其

---

① ［英］肯·宾默尔：《自然正义》，上海财经大学出版社 2010 年版，第 16 页。

② 同上书，第 18 页。

③ 参见［美］罗伯特·艾克斯罗德著，吴坚忠译：《对策中的制胜之道——合作的进化》，上海人民出版社 1996 年版，第 9 页。

一，必须是重复博弈，也就是说，必须有足够高的概率保证“交易”的持续进行。如果不确定性太大，未来几乎不可预测，合作将非常困难。其二，博弈参与人要有足够耐心，着眼长远。其三，必须能够及时观察到博弈参与人的不诚实行为。一般而言，对信息的观察越滞后，就越难建立合作和维持信誉。这也说明，要建立信誉机制，必须同时建立高效率的信息传递系统。其四，博弈参与人有足够的积极性和可能性去惩罚对手的欺骗行为。[①]

对于区域警务合作而言，作为参与者的公安机关自然是相对固定的，但公安机关具体提供协作的人员可能是变化的，而在我国目前法治发展尚不尽如人意的时候，变化的警务人员比固定的公安机关对协作的影响可能更大。虽然大区警务合作设置了警务合作办公室，有其固定的联络官（员），但与典型重复博弈中的博弈参与者也不可同日而语。因此，如果严格遵照传统的合作博弈理论，那么合作难以在警务领域的典型博弈过程产生。

然而，现实情况是，在各个警务领域中都有可能出现合作。以侦查为例，在个案的侦查进程中，即便是被认为利益根本对立的侦查人员与作案人、[②] 被害人与作案人之间，只要符合相应条件，也会出现合作的需要和机会。[③] 而对于理论上所

---

① 参见张维迎：《法律制度的信誉基础》，《经济研究》2001 年第 1 期。

② 在笔者看来，侦查人员与作案人之间并不存在根本利益对立，传统上将二者对立的观点是错误的。对此可以参见刘为军：《论侦查主体的中立性思维》，《山东警察学院学报》2014 年第 6 期。

③ 利益根本对立方的合作甚至可以延伸到起诉阶段甚至审判后阶段，“辩诉交易”和“恢复性司法”即是适例。对于侦查人员与各方博弈主体的合作可能性，详细的论文参见刘为军：《合作侦查博弈研究》，《中国人民公安大学学报（社会科学版）》2011 年第 5 期。

认为的根本利益应当一致的各地警务人员之间，合作的需要和机会应当超出其他博弈主体。

为此，更值得探讨的是，在警务活动博弈过程中，既然有的博弈参与者之间的关系相对长久（如警务联络官之间），但更多参与者之间的关系（如个案协作的实际提供者之间）都是暂时的、一次性用尽的，他们的关系也不会带入今后的日常生活中，双方或多方关系的好坏对彼此今后的工作和生活影响极小，他们也未必会在此后的博弈中再次相遇，那么他们的合作条件或基础又是什么呢？[①]

此时，我们再从合作博弈理论的基本观点中找到一定依据。根据学者的总结，合作博弈论的理论要点包括：1. 合作博弈的理论前提是存在共同利益。2. 博弈参与者之间存在必要的信息交流。通过信息交流和讨价还价的谈判形式，可以消除各参与者之间的信息不对称，从而使各参与者对合作结果能有一个较为稳定的预期，对合作事项的未来趋势有一个比较清晰的轮廓。3. 博弈参与者之间的自愿、平等和互利。在合作博弈中，各参与者是自愿和平等的，达成契约是一致同意的结果。互利，则体现在各参与者能从合作博弈中分享到合作利益。4. 强制性契约，即经谈判后缔结的契约具有很强的约束力，参与者若有违背，将受到相应的惩罚。[②]

据此，可以认为，即便在博弈参与者之间关系并不长远的前提下，在警务活动博弈过程中，只要存在符合合作博弈理论各项条件的要素或者存在促进不同参与者在博弈时采取合作的

---

① 刘为军：《合作侦查博弈研究》，《中国人民公安大学学报（社会科学版）》2011年第5期。

② 侯光明、李存金：《管理博弈论》，北京理工大学出版社2005年版，第14页。

要素，就可能存在充足的合作机会：

首先，也是最为基础的是存在双方或多方的共同利益。前已述及，各警务合作区的形成原本就是共同利益发酵的结果，基于利益的互补性，各地公安机关不缺乏合作的意愿。随着社会发展，人员流动频繁，各地均受到流窜犯的威胁，公安机关的社会职能需要延展到辖区之外，“自耕自田”的警务模式无法因应现代社会对警务活动的需求。连一直固守地方分权和地方主导警务模式的英国[①]等国家都采取各种措施，大力推进区域警务合作，更遑论警务集权色彩相对更为浓厚的中国。

其次，各方对彼此的利益互补存在清晰而准确的认识，这一点从各地警务合作协议对合作宗旨的表述中也可以清楚看到，而从各警务合作区几乎每年都要举办联席会议的做法也可以得到证明。

再次，各地警务合作已将平等合作视为合作的基本原则

---

① 英国的警察机构一直处在不断的改革之中。关于警察力量和警务是地方化还是建立国家警察力量的争论在警界上层人物之间十分普遍。不过，警察机构改革中最引人注目的莫过于其集权化趋势。除了成立跨地区的 9 支侦缉队、成立国家侦缉队，以及地方警务当局的虚权化之外，还有一些其他方面的发展：一是政府加强了对警察开支的控制。二是女王陛下的警务督察处（the Majesty's Inspectorate of Constabulary）的职权在 20 世纪 80 年代中期以后有了相当的强化。该处于 1987 年提出了一个复杂的警察管理计算机信息系统，以之作为对警察行为进行调查的基础，并将警察行为纳入了中央管理的轨道。三是通过《1964 年警察法》、《1984 年警察与刑事证据法》第 9 部分以及《1994 年警察与治安法院法》、《1996 年警察法》等对警察管理机构进行了较为完备的法定表述，并最终促成了集权化警务管理制度的形成。根据这些法令，内政大臣有权制订地方警务计划必须贯彻的国家计划和执行目标，决定中央政府对警察部队的补助，可以就预算的最低数额和任何其他事项指示警察。虽然没有以任何成文的方式废除警察独立原则，但是内政大臣足以通过决定薪水和作为工作保障的业绩评估来影响警察的自由裁量权。实际上，相关立法已经在迫使地方警察局长们不得不奉行中央政府专门制订的目标。

英国近些年的警务改革，更详细的做法，参见陈琴：《英国警察组织的现状及其发展趋势》，载何家弘主编：《公安学论丛》（第 1 卷），法律出版社 2005 年版；何家弘主编：《刑事司法大趋势》，中国检察出版社 2005 年版，第 5 编“欧盟警察制度”；肖军：《英国欺诈犯罪侦诉机构改革与启示》，《中国刑事法杂志》2012 年 10 月。

之一，各地至少在形式上是以平等身份参与警务合作的，联席会议的轮流坐庄模式也可算是一种证明。各地发起或参与区域警务合作，虽然有上级机关的强势引导，但其自身的主动性和自愿性毋庸置疑，因为各地均能意识到区域警务合作的互利性。

最后，除了以法律、行政解释、部门规章等形式表达的立法规范外，各地纷纷制定虽然名称不同但内容大致相当的警务合作框架协议，试图将各地的合作意愿以规范形式固定下来，也就是说，存在表达各方合作意愿的规范。

上述各种原因与合作博弈理论的极大要求有相当的契合之处，不过前述已对区域警务合作的诸多障碍因素进行罗列，如果以合作博弈理论做进一步分析，我们可以看到，上述契合之处亦存在相当的问题：其一，各地虽然名义地位平等，且有着强大的共同利益，但共同利益是否对等，基于合作是否会使一方获益不足甚至实际利益受损[①]？其二，合作各方在较高层级或许已经形成必要信息交流，甚至可以从政治高度看待合作的重要性，但这种必要的信息交流是否已经渗透到具体执行合作者，后者能否意识到这种共同利益的存在以及合作必要性？毕竟，我们不能强求所有地方公安机关负责人都具备全国乃至全球视野，如同国家领导人一样思考问题。相反，警务活动绝对部分是针对本地的，领导者的角色首先应该具备的是为本地群众服务的素养，工作重心是满足地方群众的合法诉求。省级以上公安机关的合作表态，如果不能通过最终的个案合作落实，合作就只能流于形式。其三，欠缺包括责任机制在内配套机制

① 如果从一段时间的合作中，一方付出大于收益，则可以视为其实际利益受损。

的法律规范和合作协议能否说得上是“强制性契约”？前述关于博弈视野下之制度、政策构建路径已经指明，可以通过外部强加规范来引导合作，但是外部强加之规范如果没有强制性，那么即便各方采取合作姿态，也不能归功于外部规范本身，而只能归功于各方的自觉性，而后文还将讨论的是，缺乏强制性规范的合作很难避开投机主义行为的滋扰。

上述三个问题，归纳起来，可以认为，虽然各地公安机关有共同利益、必要信息交流、平等和自愿的合作态度、互利的合作目标且已达成一定的合作契约，但是由于存在共同利益的不平衡性、信息交流的不彻底、合作地位的事实不平等性以及契约执行的强制性不够等因素，区域警务合作的质量远未达至理想境地。也就是说，理想合作所需要的基础和条件存在不足，导致合作难以继续深入。

博弈论常用的案例“狩猎博弈”也展现了合作难以发生的障碍所在，这与合作的条件是同一个问题的另一种表达。

“狩猎博弈”，又称“猎鹿博弈”或“猎人的帕累托效率”，出自启蒙思想家卢梭的名著《论人类不平等的起源和基础》，故事概要如下：某村庄有两个猎人，而当地的猎物主要有鹿和兔子两种。假使一个猎人独自打猎，一天最多可以猎到4只兔子。只有两个猎人共同去打猎，才能猎获一头鹿。而且，4只兔子能满足一个人4天的食量，但一头鹿却能满足两个人10天的食量。在此条件下，两个猎人的行为决策就能够产生两个博弈结局：一是两人分别去打兔子，最后每人得4；二是两人进行合作，每人得10。据此，“猎鹿博弈”将能够获得两个纳什均衡点，即：两人分别猎取兔子，每人获得4天食量；两人进行合作，每人获得 10 天食量。[①]

如果一方愿意合作，另一方的最优行为自然是合作猎鹿；如果一方只想自己去打兔子，那么另一方的最优行为也只能是自己去打兔子，因为一个人无法单独猎鹿。显然，两个人共同猎鹿的收获要比各自猎兔的收获大很多。由此，如果双方彼此充分信任，则最有可能达成帕累托最优的纳什均衡，即双方一起去猎鹿。如果双方没有充分信任，而只是一定的信任，那么双方仍然难以实现帕累托最优，因为在一个人选择抓兔子从而获得 4 个单位收益的情况下，选择猎鹿的人会一无所获，所以如果双方不是充分信任，选择猎鹿具有很大风险，并不一定是最好选择，而在缺乏信任的条件下，风险就更大。所以，在缺乏充分信任条件下，（根据概率计算）选择抓兔子将成为各自的最佳选择，最终双方均选择打兔子将成为这一博弈的风险上策均衡，结果是两个精于计算的聪明人反而获得了较少的收益。

此外，我们也很容易看出，实现双方合作也要求两个猎人具有相等或至少大致相等的能力和贡献。否则，能力更强、贡献更大的猎人就有可能要求分得较大的一份成果，而这很可能又会让能力相对更弱、贡献相对更小的一方觉得利益受损而放弃合作。或者一方能力一般，却享有某种能够支配猎物分配的特权，也会让另一方产生不公平感，甚至觉得利益被剥夺，还不如单独猎兔收益大。在此情况下，合作猎鹿虽然能够提高整体效率，但却不构成帕累托改善，原因在于整体的改善最终会

---

① “狩猎博弈”的具体内容，参见 http：//wiki. mbalib. com/wiki/% E7% 8C% 8E% E9% B9% BF% E5% 8D% 9A% E5% BC% 88，2010 年 9 月 25 日浏览。

伤害某个猎人的利益。当然，我们也可以假设，其中某个猎人享有特权，可以通过某种手段让另一个猎人乖乖就范，从而保障双方的合作。但在这种情况下，后者的狩猎热情也会遭到伤害，最终必然会导致影响狩猎的整体效率。

二、解决区域警务合作驱动力不足的根本路径

合作博弈论的理论预设以及“狩猎博弈”较好地诠释了实践中难以实现合作的道理，也为我们找准促进合作的方法指明了方向。

区域警务合作存在诸多制约因素，解决其驱动力不足问题，应着眼于合作博弈理论关于合作博弈基础和条件的要求，使跨区域警务能够满足上述要求。具体来说，解决该问题的核心在于两个层面：

一是巩固合作的基础，通过利益的合理配置及长期持续，最终形成合作文化。

合作的基础是存在共同利益。如果不存在这种共同利益，或者利益互补性不够，那就必须为合作创造或补足这种互补性利益。“进入何种规则体系的决定因素，正是对不同规则背后的利害得失算计。”[①] 换言之，合作博弈要求充分照顾到合作者的利益。基于双方互补性利益的存在且大致相当，有可能实现

---

① 吴思：《隐蔽的秩序》，海南出版社 2004 年版，第 327 页。

非零和的双赢状态，才有可能维系双方的后续合作。[①] 因此，如果共同利益或互补性利益所显现的是合作将导致一方占优，那么占优的一方在理论上就应当为对方提供相应的回报。这实际上就是博弈论强调的“经对方承诺并可兑现的回报”。博弈参与者的能力各有差别，如果不能确保付出多者得到更多的补偿，则难以实现长久的顺畅合作。后文将要谈到的利益补偿机制，其本质就是要请求方为被请求方提供利益，以补偿被请求方协作所付出的代价。只有这样，才能让合作者产生继续合作的动力。通过反复的合作以及舆论、制度、教育等多方面的培育，使合作理念变成一种警务文化，能够在制度环境下依靠文化力量的推动，获得持久的执行力。

需要说明的是，互补性利益内容丰富，范围也广，而且不必是像“囚徒困境”中的利益那样是可比较的、对称的和绝对的。在跨区域警务实施过程中，请求方和被请求方之间同样必须存在互补性利益，如果双方看不到互补性利益，则必须创造出这种互补性利益。

二是完善合作的规范，构建具有强制执行力且配套机制完备的警务合作规范体系，为合作提供有力的程序和实体保障。

---

① “零和博弈”是指博弈各方参与者不论采取什么策略，收益得失的总和都是零的博弈类型，这是比较常见的博弈类型，也是研究得最早、最多的博弈问题。零和博弈的博弈各方之间利益始终是相互冲突和对立的，各方无法和平相处，因而也被称为“严格竞争博弈”。与零和博弈相对应的分类是常和博弈和变和博弈。前者不管博弈结果如何，所有博弈方的收益总和始终是零，属于零和博弈的一种拓展；前两者之外的所有博弈均可称为变和博弈，不同策略组合下各博弈方的收益之和往往是不一样的。警务博弈中的侦查博弈，变和博弈是普通类型，而并不如某些学者所言只能是零和博弈。正是因为变和博弈的结果使得总收益的大小可能产生巨大差别，不同博弈方才会各自自觉、独立采取合作态度和行为，去争取较大的总收益和个人收益。参见刘为军：《侦查中的博弈——侦查对抗与合作》，中国检察出版社 2011 年版，第 67—68 页。

正如有论者所指出的，“减少警务合作中的随意性、无序性，制定协作方共同遵守的、有约束力的可行性联络规范，建立稳定的机制，减少自然因素、人为因素对警务合作过程的干扰是非常必要的”，“通过稳定的协作机制，设立固定人员，确定日常警务联络、合作方式和处理问题的便捷渠道，有助于把各自优势转化为整体优势”。[①]

上述两个层面是紧密相关的，因为以共同利益存在为前提的回报的保障本身也依赖于强有力的协议。因此，回报的保障问题是众多因素交织的领域，也是值得深入分析的问题。[②] 或许我们可以认为，充分、发自内心且真诚的信任是使回报得到保障的充分条件。但是，制度设置的目的是保障某些规则不因被规制者的个人喜好而得到遵守。对回报的保障和合作的促进，不能仅靠“全国公安是一家”、“全国公安一盘棋”和“大刑侦格局”等理念的塑造和对警务人员合作意识的培育，更重要的在于以下几个方面：

其一，博弈参与者双方或多方达成的有约束力且内容完备的协议。这种协议或者表现对某项具体法律制度的尊重（例如区域警务合作的义务性规定），或者表现为某项警务政策（例如事后的立功受奖激励机制），或者表现为参与者共同遵守的其他规范（例如共同的警察伦理道德）或临时达成的具有约束力的契约（例如事后的执法收益分成协议）。

---

① 上海市警察协会第四课题组：《区域警务协作的路径选择和机制研究》，载罗锋主编：《第三届中国警学论坛文集》，中国人民公安大学出版社 2012 年版，第 344 页。

② 当然，在警务活动中，回报只是就一般情况而言的，不排除在个别场合，合作博弈的双方或多方之所以进行合作，不一定是要因为他们都是理性的，也不一定要假设参与者的所有选择都是深思熟虑且符合理性的。

作为合作博弈基本条件的“强制性契约”，其约束力必须得到尊重，即设定足够的可博弈参与者“不敢”违背协议。正如前述，所谓的强制性，比较理想的状态是达成“可置信的威胁”，使博弈参与者不敢违背协议。

当然，更理想的协议高度应当能够使博弈参与者“不愿”违背协议。因此，无论是通过民主决策程序制定的法律法规，还是由各地公安机关平等协商制定的警务合作协议，其本身也必须是完备的，符合警务合作的科学规律，而不是个别领导“拍脑门”决策的结果。理论上，存在这样一种规范或协议，其本身的不合理性使其即便规定再多的制裁后果也无法保障其得到执行，即存在各方根本无法去实现的规范和协议。

从“不敢”到“不愿”反映的是规范和协议制作水平的高低，但不管怎样，一份合格的规范或协议至少要能达到令人“不敢”的要求，也就是必须包含“可置信的威胁”。显然，在上述各个方面，现有规范都存在诸多不足。

其二，从博弈策略层面来讲，理性博弈参与者会采用所谓的“一报还一报”的最佳策略。

合作博弈理论中所谈到的一报还一报，即在博弈中，第一步选择合作，然后就采用对方上一步的选择。如果对方上一步选择背叛，那么己方也将在第二次策略选择中选择不合作策略。选择一报还一报，正说明最佳策略是建立在对方的行动和策略基础之上的，离开对方策略则无所谓最佳策略。[①] 当然，一报还一报的前提是，双方在第一次交手后还会有后续的互

① 刘为军：《合作侦查博弈研究》，《中国人民公安大学学报（社会科学版）》2011年第5期。

动。在囚徒困境中，我们通常把它视为单次博弈，似乎没有后续互动的存在余地。不过，考虑到对犯罪嫌疑人讯问的多次性以及侦查过程的期限，囚徒困境的博弈可能也是可以重复的。根据博弈论的理解，如果参与者有足够的耐心，考虑到犯罪嫌疑人可以选择所谓的“冷酷策略”（grim strategies，又称为 trigger strategies，即触发策略），那么亦有可能达成（抵赖）的子博弈精炼纳什均衡结果。①

在跨区域警务的实施过程中，符合“一报还一报”策略的正确做法是：一方如不提供协作，而另一方必定采取“报复策略”，对一方下一次提起的协作请求予以拒绝。因此如果一方对此有足够预见，那么它将选择协作，以免丧失今后请求另一方协作的机会。同时，值得注意的是，“一报还一报”的策略与纯粹的“冷酷策略”的不同之处在于，前者给了曾选择不合作这一方改正的机会，因为之后的任何一次博弈，如果曾经的犯错方选择合作，那么对方也会作出合作选择。

其三，博弈参与者在进行博弈之前就已经获得的有关博弈的共同知识。虽然博弈中双方或多方的关系可能是一次性

---

① 参见张维迎：《博弈论与信息经济学》，上海三联书店、上海人民出版社 1996 年版，第 213—216 页。所谓“冷酷策略”，即：一开始选择抵赖，选择抵赖知道一方选择了坦白，然后永远选择坦白。之所以称之为冷酷，是因为任何参与者的一次性不合作都将触发永远的不合作。在冷酷策略下，参与者没有改正错误的机会，但冷酷的结果是双方都没有背叛对方的积极性，因而是友善的。如果有一个参与者有机会改正错误（在对方选择抵赖时选择坦白，以增加自己收益），这个策略就不太可能是一个精炼均衡。当然，如果博弈有限次的，某位参与者确知自己是最后一个被讯问的，而其他参与者也明知这一点，那么上述均衡不会产生，而将会是（坦白，坦白）的纳什均衡。

“子博弈精炼纳什均衡”，又称“子对策完美纳什均衡”，是对纳什均衡进行的第一次改进，即将纳什均衡中包含的不可置信的威胁策略剔除出去。它要求参与者的决策在任何时点上都是最优的，决策者要“随机应变”，“向前看”，而不是固守旧略。由于剔除了不可置信的威胁，在许多情况下，精炼纳什均衡也就缩小了纳什均衡的个数。这一点对预测分析是非常有意义的。

的，但是参与者在参与这次博弈之前关于博弈策略选择的共同知识有可能发挥类似于重复博弈的作用。如同样是囚徒困境，如果囚徒 A 还知道囚徒 B 犯有其他罪行，囚徒 B 也深知这一点，如果囚徒 A 向警察告发，则至少收益不会减少，但囚徒 B 的处罚会加重。这样的话，如果 A 一旦发现 B 选择了坦白（B 的坦白对 A 而言并非最优策略），那么 A 就会选择告发来惩罚 B 的行为。基于后顾之忧，B 选择抵赖的可能性增强，与此同时，A 选择抵赖且不告发的可能性增加。在这种情况下，两名犯罪嫌疑人有可能走出囚徒困境，获得精炼纳什均衡的结局。

共同知识包含着为博弈所设定的规则。在基于区域警务合作展开的博弈过程中，共同知识包含着为合作设定的规范，如果共同知识中包含规范的强制性及如不合作则制裁后果将不可避免，那么，如无特殊因素的干扰，深知此共同知识的理性的博弈各方将趋于合作。

共同知识的获取需要通过各类传播媒介，公安机关内部可以通过下方各类警务合作协议、突出强调各类警务合作法规、明确警务合作相关配套机制等方式自上而下将共同知识贯彻到每一个可能会参与今后之警务合作的警务人员。

其四，区域警务合作应建立机会主义行为的预防机制，避免出现机会主义行为。博弈论者主要关注非合作博弈，因为合作博弈也存在风险，有约束力的协议并不总是能够得到遵守（实际上，法律被认为是一个国家公民共同达成的契约，但显然，破坏法律的行为在哪个国家都是存在的），所以合作博弈往往被认为是暂时的。对合作危害最大的是所谓的机会主义行为的存在。

机会主义行为是人们以不诚实的或欺骗的方式谋求自利的行为，它描述的是人们追求最大化满足的短期行为。威廉姆森曾经指出，“我用机会主义表示靠诡计谋求私利的行为，它包括，但不仅限于，说谎、偷窃和欺骗”。[①]“公地悲剧”很好地诠释了机会主义行为，它反映的实际上就是牧民个人的投机行为，在明知大家共同遵守一定规则的情况下，能够达成最好的整体放牧效果的情况下，仍然假定其他人不知，而采取投机行为，最终导致大家都采取这种策略，形成“悲剧”。博弈参与者在采取机会主义行为时，通常不会考虑这类行为对他人是否有不利影响，也不会去遵守获得共同体内部公认的行为规范。由此可知，机会主义行为具有很强的离心力，会造成有害的长期后果，从而使得博弈者参与者的行为在长期内都不具备可预见性。[②] 如果博弈的参与者没有机会主义行为的话，他们将信守业已达成的协议，任一参与者都可以相信其他参与者将忠实地履行承诺。但是如果参与者会采取投机行为的话，那么它不仅不一定会遵守协议，还会见机行事，使事后的结果按照有利于其个人的方向发展。而且，如果其中一方采取投机行为，而另一方采取“一报还一报”策略，则原本可能的合作博弈又演化为非合作博弈，重复相互非合作博弈中相互“背叛”的对策选择，则最终取得的效果将与合作之初衷背道而驰。[③]

综上所述，根据博弈论特别是合作博弈所设定的合作基础

---

① O. E. Williamson, “Building A Learning Organization”, *Havard Business Review*, 1993 (7-8).

② 参见姜启源：《数学模型》，高等教育出版社 1998 年第 2 版，第 101 页。

③ 刘为军：《合作侦查博弈研究》，《中国人民公安大学学报（社会科学版）》2011 年第 5 期。

和合作条件，要实现合作的持久性，除了合作的意愿外，还要求有充分照顾到合作各方利益、有效制裁违约者并能及时预防机会主义行为的制度性保障。

第六章

博弈论视野下的区域警务合作完善策略

近些年来，如何提升区域警务合作效能一直是理论界研究的热点问题，实务界和理论界提出了各种各样的对策性意见。例如，某省公安厅区域警务合作办公室 2011 年在提交上级的报告中指出，应从三个方面着手完善区域警务合作：一是推进警务协作内容创新。在继续加强和完善各大协作机制建设外，进一步拓宽警务协作领域和内容，如加强警务理论研究成果交流、警营文化建设成果交流等等，全方位、全领域互通有无，互相促进，共同提高。二是推进警务协作层次多元化。在加强省级公安机关交流的同时，重点鼓励和推动基层单位之间、基层警种之间，特别是相邻市、县（区）公安机关之间的警务协作与交流，提高警务协作的针对性和实效性。三是推进跨省区警务协同作战。针对跨省区的群体性事件、重大系列刑事和治安案件、重大治安灾害事故、高速公路交通管理和疏导、偷渡案件等，制订和完善联合协同作战工作预案，确保协同作战的科学性和可操作性。针对可能出现的案件和事故，开展联合作战演练，增强警务合作的协调性和联合协同作战能力。报告所提出的对策在各地官方报告中具有一定代表性。

而在理论界，亦有许多论者提出多样化对策体系，如有论者指出，在“十二五”时期，面对严峻挑战和紧迫任务，在目前警力总量和社会管理体制尚不能根本改变的状况下，需要通过加大区域警务合作力度，推动现有公安资源的整合，增强内动力，应对和适应警务一体化的趋势，具体来说，应当：一是树立“大区域”观念，打破地区本位，积极培育与弘扬互信、互补、互助的合作精神；二是构筑“大协作”格局，整合社会资源，积极推进和完善政府扶持、政策扶持、法制支撑的合作机制；三是推进“大融合”运作，按情报信息共享利用最大化、警务资源互补共用最大化、警务协作集约高效最大化的要求，全力推进信息共享、常态沟通、具体协作机制的优化与重组；四是开创“大维稳”局面，加强社会治安治理，着力形成打防新型犯罪、遏制热点案件的联动体系。[①]

再如，还有论者认为，深入推动发展区域警务合作，需要关注以下几个重要问题：一是牢固树立服务区域经济一体化发展的观念，清醒认识区域经济一体化发展对地理区位相同、经济一体化程度较高地区公安警务力量统筹运用的发展要求，牢固树立面对新情况、解决新问题、遂行新任务的警务创新理念；二是建立健全区域警务合作领导管理的体制与机制，确立联席会议轮值主席对区域警务合作实施统一领导，明确界定联席会议轮值主席办公室和成员单位联席会议办公室职责；三是

① 上海市警察协会：《区域警务协作的路径选择和机制研究》，载罗锋主编：《第三届中国警学论坛文集》，中国人民公安大学出版社 2012 年版，第 341—345 页。

构建并深入推进区域警务合作的核心项目建设，综合考虑任务、敌社情、合作机制现状三个方面的因素，善于经营和培育一批能够把区域内公安警务资源统筹起来和带动起来的核心项目；四是以区域大项警务合作任务、常态化的区域专项警务合作任务和区域基础警务合作建设为牵引，充分发挥公安部在区域警务合作中的主导作用；五是积极改善区域警务合作的保障条件，制定区域警务合作保障标准，建设区域警务合作通用信息平台，开放警务装备和教育训练资源；六是切实加强理论研究和制度规范建设，加快创新具有区域特色的警务合作应用理论体系，为开展区域警务合作提供可靠的警务合作需求及其理论依据，同时统筹该区域警务合作的综合法规（包括警务合作框架、机制及其分机制文本），建立分机制组织实施的专项规范，并使区域警务合作制度规范在公安工作法规体系框架下充分发挥指导引领作用。[①]

上述分析基本涵盖了公安机关应对警务合作障碍的各方面因素，但是，我们所能看到的仍是对策的形式化、官样文章，缺乏真正面对具体问题和直击合作不力真实原因的勇气。

值得一提的是，2014 年全国刑侦工作会议总结了刑侦工作取得的成就，也直面了诸多问题，就各地区侦查协作而言，即认为有些地方存在“犯罪无边界、侦办有壁垒”的局面。全国刑侦工作会议提出要建立在信息化条件下的“科学指挥、合成作战、现场必勘、专业研判、分类侦查、准确办案”打击犯罪新机制。[②] 其中，科学指挥和合成作战均对完善区域侦查协作

---

① 刘峥：《关于区域警务合作的理论与实践探讨》，《公安研究》2011 年第 5 期。

② 张年亮：《各地认真学习贯彻全国刑侦工作会议精神 全力推进落实打击犯罪新机制》，http：//news. cpd. com. cn/n3559/c27590748/content. html，2015 年 3 月 30 日浏览。

有重要意义，尤其是部省刑侦部门的实战化发展方向，有助于提升上级公安机关在个案侦查中对各地侦查资源的协调效率。不过，在公安执法环境日渐复杂的大背景下，即便仅以改善刑侦工作效能为目的，所涉及的区域协作的广度和深度也已远超以往，更何况刑侦并非公安机关警务工作的全部。而且，由于大量资源往侦查需求集中，是否会使区域警务合作出现“偏重一头”的现象，也是值得深思的。换言之，打击犯罪新机制的构建能够促进区域警务合作走向深入，但是要使区域警务合作兼顾所有警务工作，并且常态化高效、稳定运行，仍需进一步从理念、规范和机制等多方面加以完善。

我们认为，区域警务合作中所遇到的各种问题也是警务合作制度完善和创新的起点及动力源泉。面对区域警务合作中的困境和障碍，公安机关有必要按照合作博弈的基本要求，革除现行制度的弊端。我们的基本立场是，即便我们在理念上继续坚持高呼无条件和无偿协作，促使各级公安机关和所有执法人员站到一定高度去认识和理解区域警务合作的现实意义和长远意义，使区域警务合作的理念、机制达到“深入警心、进入工作”的理想效果，但是从制度构架上，仍然应把各博弈参与者置于个体理性之下，视为追逐各自利益最大化的主体，采取各种规制措施，从外部施加压力以促成合作。因为，如果我们设置的制度能使最自私的个体趋向于合作，那道德高尚者更会选择合作。

根据博弈论视野下区域警务合作的基本条件，为了将这些条件落到实处，有以下几个方面的具体措施应格外引起重视。同时，我们也认为，在所有措施中，最重要的是完善警务合作规范、各地公安机关之间的信任机制和利益补偿机制，并创建协作监督机制和对不执行协作者的惩罚机制。

一、构建较高规格且内容完备的区域警务合作规范体系

在法治国家，规则是公权力行为的先导。目前有关区域警务合作的规范存在诸多不足，最为突出的问题在于：一是规范层级过低，除了《刑事诉讼法》有过简单表述外，其他规定都散见于司法解释、行政法规和规章之中。各地警务合作协议虽然是自愿达成，各地有极大诚意推动合作，但是合作协议至多只能算是各方自愿达成的“合同”。考虑到这些“合同”对“合同义务”（即违背“合同”的后果）基本不做规定，那么它们或许连“合同”都算不上。二是规范内容不全面。为数不多的法条性表述仅涉及区域侦查协作部分（前已述及，即便这一部分亦存在诸多不足），规制范围失之过窄，无法对其他警务合作活动起到指引作用。

有学者在论述刑事立法粗疏的弊端时指出，过于粗疏的刑事立法导致司法侵入立法、司法不公正、个人自由容易受到侵犯以及有可能使刑法典形同虚设。尤其是后者，因为粗疏的立法操作性差，司法工作人员可能动辄认为案件没有适用法律的根据而拒绝适用法律，以致刑法的内容难以实现。[1] 虽然立法过于细密，但同样存在各种弊端，且目前在区域警务合作领

---

① 张明楷：《妥善处理粗疏与细密的关系 力求制定明确与协调的刑法》，《法商研究》1997 年第 1 期。

域，所欠缺的显然是立法过于粗疏的问题。

一般而言，如果规范内容相同，那么规范层级越高，其效力等级越高，所引起的重视程度就越高，得到实际遵守和执行的可能性也就越大。我们认为，应该让有关警务合作的基本原则等规范内容上升为法律法规。正如学者所指出的，“规范常常优先于法律，但随后为法律所支持、维护和扩展”。[①] 由普通规范转化为法律的意义在于，“除了执行力和受尊重，法律的第三种优势就是清晰性。法律一般比其他非正式规范都更清楚地规定了义务”，法律与社会规范的关系“简短地说，社会规范与法律常常相互支持。确实是这样，因为社会规范可以被正规化为法律，法律也提供了外部有效的规范。它们还是相互支持的，因为它们具有互补性的优势和劣势。社会规范经常被用于防止大量小型的背叛，因为执行成本比较低。而法律则正相反，经常被用于处理那些很少见但很重大的背叛行为，因为它有实质性的资源来强制执行”。[②]

在实际立法工作中，可以考虑在《警察法》或《公安机关组织条例》中对各地公安机关跨区域警务合作义务和合作原则作出原则性规定，并设定区域警务合作的具体范围和参与主体以及不协作的法律责任。[③] 同时，应在《刑事诉讼法》中规

---

① ［美］罗伯特·阿克塞尔罗德著，梁捷、高笑梅译：《合作的复杂性：基于参与者竞争与合作的模型》，上海世纪出版集团2008年版，第63页。

② 同上书，第64页。

③ 合作义务的表述可以比较简单，即明示各方对异地公安机关的合法警务合作申请应予以全力配合即可。但是前已述及，关于区域警务合作的原则存在一定差异，而学界则有人主张区域警务合作应遵循“利益兼顾、资源分享、平等协作、差异互补”的原则（魏永忠：《跨区域警务合作论——环首都地区社会安全防控警务合作体系研究》，中国人民公安大学出版社2009年版，第35页）。我们认为，只要在有关原则的规定中突出警务合作各方的平等性、互利性和信息共享即可，这也是合作博弈的基本要求。

定区域侦查协作的协作义务、协作原则、协作程序和违法责任，在《公安机关办理刑事案件程序规定》和《公安机关办理行政案件程序规定》中除重申《刑事诉讼法》、《警察法》和《公安机关组织条例》的相关内容外，更应当细化合作的程序、责任追究方式以及对尽责合作的公安机关及相应人员的激励机制。

有学者还建议将区域警务合作纳入地方立法和规制建设的范畴，针对有关警务协作内容缺少法律法规支持、全国性立法建规需要较长时期的情况，各地拥有立法权限的人大机关可通过地方立法补充依据不足的缺陷，各地政府也可制定规章制度来弥补依据缺陷，而对刑事司法实践中存在的政策性、法规性和执行性障碍，各协作公安机关应经过共同协商后，由政法委牵头，公、检、法统一执法办案标准，明确程序指引，共同维护执法权威，增强执法效果。①

这种思路固然有一定道理，但是由于区域警务合作往往涉及不同地区，多省之间的警务合作如何进行地方立法，这在立法技术上很难掌控，尤其是一旦某地立法设定警务合作框架，则其他省份与该省的警务合作对接将有可能面临该省地方立法设置的客观障碍，毕竟由于地区差异，我们不可能保证每个省都会作出类似的警务合作地方立法，地方立法在合作条件、程序等方面的差异有可能会导致合作程序更加烦琐甚至损害合作。

基于上述考虑，我们认为，在立法方面，如果《警察法》

---

① 上海市警察协会第四课题组：《区域警务协作的路径选择和机制研究》，载罗锋主编：《第三届中国警学论坛文集》，中国人民公安大学出版社 2012 年版，第 343 页。

和《公安机关办理刑事案件程序规定》等法律法规对区域警务合作的基本框架已经作出原则性规定，同时考虑到《公安机关执法细则》已经逐步成为公安机关一线执法人员执法时的最直接参照物的背景，那么最适合用来对区域警务合作义务、合作原则、合作程序、合作形式、违法责任和激励等问题作出具有可操作性的细致规定的载体正是《公安机关执法细则》。《公安机关执法细则》分为“总则”、“办理刑事案件”和“办理行政案件”三大部分，着眼于公安机关的个案办理，而区域警务合作的内容虽然主要以个案办理为主，一些合作任务（如信息共享）实际上也主要是服务于办案的，但毕竟不限于这些业务。因此我们建议在总则中规定区域警务合作的合作义务、合作原则、责任和激励等内容。不过，具体的合作程序、合作形式根据刑事案件与行政案件之不同，应当分别在办理刑事案件和办理行政案件部分作出规定。同时，鉴于公安机关合作领域的广泛性，理论上，公安机关职责领域所有业务均有合作之可能，因此，我们也建议总则部分应明确规定，鼓励各地公安机关在法律框架下，在所有警务领域展开合作。

立法规格提高和规范内容完善，并不意味着各地警务合作协议毫无价值。相反，在立法相对完善和《公安机关执法细则》相对细致的基础上，公安部可以拟定警务合作协议范本，供各地公安机关在制订和完善警务合作协议时使用。虽然各地警务合作各有重点，但是公安部仍可以通过大量的实证调研，寻找各地警务合作的共性内容，确立各地制订警务合作协议的程序和不同内容警务合作的科学程序，督促业已组建的警务合作区和即将建立的新警务合作区，审视其警务合作协议，构建包括《警务合作章程》、《警务合作基本框架》等规范性文件及其配套细则在内的协议体系，明确地区之间、警种之间、部门之间以及专业之间的对口对等、分级对等的合作职责以及紧急时可打破警种、级别界限实施合作的特殊规定，明确合作各方的权利、义务和合作方式，确立组织协调、联络承办、信息流转、资源互配、警务联动等方面的操作规范，形成维护合作高效运转的机制保障体系。各地在制订和完善警务合作协议时，应当根据各地实践，查找所在警务合作区人为因素的干扰和合作中出现的随意性、无序性现象，寻找个别化的对策。

规范层次的提升和规范内容的完善，除了可供公安机关在执法合作过程中直接适用外，也可以为各地公安机关制订和完善警务合作协议提供重要指引。

二、持续推进警务合作区建设和需求密集地区“点”对“点”合作

区域警务合作区建设为区域警务合作带来的效益是惊人的。以东北警务合作区为例，仅在警务合作区建立的一年内，“黑龙江省公安机关共协助协作区兄弟单位破获刑事案件5398起，抓获网上逃犯2642名；协作区兄弟单位共协助黑龙江省破获刑事案件344起，抓获网上逃犯1801名。特别是通过相互间在情报信息、区域联防、警力支援、快速反应、联合行动等方面的协作配合，有效提升了在重点人员动态管控、重要事件预警防范、指挥调度区域联动等方面的工作效率，在一些重大维稳事件处置上实现了步调一致、集约高效。在诸多具体打

防管控工作上达到了互利互惠、合作共赢”。[①]

虽然部分合作区存在大城市中心现象，但客观存在的共同利益或共同需求是合作的先导。总体来说，警务合作框架协议是各地公安机关在自愿、平等、互利基础上拟定的，因此各地公安机关的继续深化合作的意愿较高，今后应在业已取得的成绩基础上继续深化警务合作区建设。

根据目前的实践，我们认为，今后的警务合作区建设应主要从以下两个方面着手：

一方面，可以根据新的共同需求，建设新的警务合作区。七大警务合作区虽已覆盖除港澳台之外的全国各省，但是随着社会形势的变化，各省与其他邻近省份之间可能产生新的合作需求，因而有建立新的警务合作区的需要。对此，需要由各地根据实际情况进行组合。近几年，数个警务合作区如中部五省、泛珠三角等召开联席会议时均有扩大趋势，除合作区成员单位外还有若干邻近省份参加，这实际上已经反映出警务合作区扩大之趋势。或许有人会质疑，为何不通过公安部的强势主导，让全国各省公安机关都坐在一起，签订一个全国性的警务合作协议，将全国视为一个完整的警务合作区？我们认为，根据立法，国内本就是一个完整的警务合作区，之所以还要组成不同的警务合作区，正反映着不同警务区共同利益的差别。如果不考虑地方差异，而只推行全国性的区域警务合作，因其违背合作博弈理论所设定之基础和条件，合作效果必然不佳。

特别是除了毗邻的较大范围内的警务合作区建设外，我们

---

① 数据出自黑龙江省公安厅孙永波厅长在《东北四省（区）警务协作第二届联席会议》（2011 年 9 月）上的讲话。

还需要继续关注另一类警务合作区的建设。前已述及，基于特殊原因，在行政级别较低、地域上也未必毗邻的一些地区之间可能也会形成密集的合作需求，例如前述的劳务输出地和劳务输入地之间、外地人作案高发地区与作案人主要来源地或去向地之间等。这些地区之间尚不足以达到建立多省区域警务合作的程度，但是其合作需求是的确存在的，对于这种情况，应当由各地根据自己的犯罪学统计，梳理出跨区域警务合作需求，然后主动与被请求方公安机关联系，建立相对稳定的合作关系。前述黑琼警务合作机制即属于这一类。但在实践中，可以是更低行政级别区域的合作（如县与县之间），可以是不同行政级别区域的合作（如省与县之间的合作），也可以是数个省的数个基层公安机关的合作（如江西赣州、广东梅州和福建龙岩三地公安机关的警务合作）。在一些地区，作案人呈现区域化特征，如某类犯罪作案人大多来源于同一地区，对于这类情况，警务合作完全可以也采取“点”对“点”的模式，两地具体进行谈判，探讨新的合作模式。由于在这种合作模式中往往经济发达地区是需求提出方，而经济相对落后地区为被请求方，因此需求提出方或请求方可以通过提供适当的经济补偿，协助被请求方进行技术升级、人员培训等方式，补偿对方因警务合作而支付的成本。从某种意义上来说，“点”对“点”的合作能起到“警务扶贫”的效果，通过“点”对“点”合作，为经济落后地区的警务水平提升起到推动作用。我们今后要做的是，鼓励各地梳理与自己关系最为密切的潜在合作方，然后建立相对比较稳定的直接关系，减少中间环节，从而提高警务合作效能。

另一方面，对于已经建成的警务合作区，应在充分总结以往合作实践的基础上，扩大警务合作领域，创新合作模式。

2010年9月，在亚布力召开的全国公安机关刑侦工作座谈会上，公安部领导指出，“面对刑事犯罪新挑战、法治建设新要求和人民群众新期待，在当前和今后一个时期，全国公安机关要重点打好‘合成战、科技战、信息战、证据战’”。[①] 会议指出，“打好‘合成战’要求凡是发生有广泛社会影响的案件，刑侦、刑事技术、技侦和网侦要‘四位一体’，快速反应，同步上案，合力攻坚，上级公安机关要在第一时间组织有关专家增援，形成多警联动合成作战格局”。[②] 该次会议还明确提出，要树立新的侦查理念，打好“合成战、科技战、信息战、证据战”。[③] 与此相关联的是，各地公安机关近年相继提出“合成警务”、“整体警务”、“集成警务”等警务战略，有的地方公安机关还开展了公安工作一体化的大讨论。[④] 区域警务合作也被各地公安机关纳入这些警务理念和战略之中。例如，有的地方认为合成警务的表现形态从微观到宏观可以分为警员合成、警种合成、区域合成、部门合成、社会合成五个层次，其中的区域合成包括省内警务合作、跨省警务合作、两岸四地警务合作和国际警务合作。[⑤] 至于合成战，解读的方式更多，但一般认为主要指多警种联动，同时包括不同区域警务资源的

---

① 张玉光：《全国公安机关刑侦工作座谈会召开》，http：//www. cpd. com. cn/gb/newscenter/2010-09/19/content_ 1410714. htm，2013年10月2日浏览。

② 同上。

③ 《公安部：要重点打好“合成战、科技战、信息战、证据战”》，http：//news. workercn. cn/c/2010/09/19/100919115906571821875. html，2012年10月1日浏览。

④ 关于公安工作一体化，参见张兆华：《试论公安工作一体化》，载《创新型刑侦警务建设专题征文优秀征文集》，《北京刑侦研究》2011年12月发行。

⑤ 孙文德主编：《论五大警务——构建现代警务机制的实践与思考》，群众出版社2011年版，第103、107—108页。

共享。

合成警务和合成战要求在合成过程中进行不同资源的整合，通过不同区域、不同部门、不同警种、公安机关与社会资源的通力合作和战法的合成（主要指合成战与另外“三战”之间的配合），形成合力。对我们的启发是，要深化区域警务合作，实现区域内各地各警务领域的全面对接。以往各地在警务合作框架协议和子协议之下开展刑侦协作、治安防控协作、群体性事件处置协作等区分警种的协作模式，但是在合成警务和合成战理念之下，应当打破区域警务合作的警种界限，实现各个部门因业务实际需要而进行跨警种的跨界合作，如刑侦部门可以联系异地治安部门，这也就为各地警方职能部门直接申请获取异地警方其他职能部门的信息资料（如甲地刑侦部门获取乙地交管部门的视频监控录像资料）提供了依据。

除了推动跨警种的跨界合作外，各地根据自己的实际情况，还可以采取以下方式深化合作，整合资源：

一是针对具体个案，组建跨区域的联合专案组，并在时机成熟的情形下，依据个案合作的成功经验，结合警务合作区犯罪规律，设置专门针对某些类别突出犯罪的常设性联合侦查部门。

二是强化各地参与的共同快速反应机制。实现警务迅捷化是区域警务合作的应有之义，故在各地之间建立共同快速反应机制也是必要的。快速反应机制要求各地区分不同情况，建立紧急状况下的决策、指挥、执行等环节融通的机制。

三是强化情报信息的共享。警务合作区有共同的情报信息共享需求，当前应转变应需而临时提供的思路，除应约为申请方提供必要信息调查、移送外，更可以依法逐步为对方开放检索权限，最终建设共用的各类数据库和情报平台，实现真正意义上的情报信息共享。诚然，这种意义上的情报共享的前提是，各地拥有共同的数据处理规范标准和技术标准，并且做好了防止数据滥用或不当泄露的准备。发展更为成熟的信息情报共享应当是一种主动提供协助的模式，即便对方未提出请求，但己方根据对情报信息的研判，主动将认为对对方有价值的信息提交给对方。

四是深入挖掘组成警务合作区各方内部的警务合作潜力。我们不应只将目光投向省与省之间的合作，还应关注同一警务合作区内不同省份基层公安机关的合作和同一省级行政区内部不同基层公安机关之间的合作。前者如苏浙皖沪辖内的地级市自发建立的一些比较稳固的警务合作框架，仅“环太湖警务合作论坛”就包括了苏、浙、皖、沪的十多个县市，定期协调警务合作事宜，很有成效。后者如 2012 年 9 月成都市、雅安市、甘孜州、阿坝州、凉山州公安机关签署的区域警务协作框架协议，建立涵盖“两市三州”的警务合作区。[1] 良好的省内合作所构建的是强大的地方警务保障基础，对省与省之间的合作不无裨益。

五是以经常性的交流和联合行动促进合作。各地公安机关特别是业务往来较为密切的地方公安机关之间应当有定期和不定期的交流机制。近些年来，在警务合作区发展过程中建立了相应的警务合作联席会议制度，通过召开定期或不定期会议，研究协作区内的犯罪趋势，交流犯罪情报信息，联络协调侦查

---

① 朱光泽：《深化区域警务协作 联动共享常态共赢》，http：//news. hexun. com/2012-09-03/145396931. html，2013 年 1 月 3 日浏览。

协作工作，极大促进了侦查协作的效率。前已述及，北京市公安局与河南省公安厅已经建立打击跨区域流窜犯罪联席会议制度，并且每月都会交流一次包括河南籍人员在京犯罪、在逃人员等情况在内的情况信息，这一做法取得了良好效果。[①] 这种交流机制对于营造合作氛围，最终促进各地协作具有重要价值。但这种警务合作区如果不进行外延拓展，极易画地为牢，阻碍警务合作区内公安机关与区外公安机关的合作。因此，就警务合作的交流而言，除了区域内交流外，还应当逐步扩展到更大的区域，最终在全国建成一个统一化的警务合作交流平台，为全国公安机关建立可与任何一个公安机关进行“点”对“点”交流和合作的信息平台。

此外，尤其要拓展和加强在刑事犯罪趋势分析研判、地域性高危人群信息交流、刑事技术推广、侦查技术运用、刑事情报、秘密力量建设、刑侦禁毒等方面更广、更深层面的交流与协作，互通有无，取长补短，同时，合作区内相邻的地区要根据实际情况，针对区域内的突出治安问题，重视协同组织区域性的打击犯罪专项行动，开展邻近地区之间、犯罪输入地和输出地之间等区域性、专业性的协作，联手侦破重大疑难案件和系列性、跨区域流窜犯罪案件，协同组织开展统一的打击犯罪行动或专项治安整治行动，努力推动警务合作向高层次发展。

六是减少合作的中间环节，简化合作流程，提高办案效率。“一般来说，人们开展合作是为了达到增加收益、减少成

---

① 马振川、傅振华、徐立根：《论相对侦查》，载郝宏奎主编：《侦查论坛》（第三卷），中国人民公安大学出版社 2004 年版，第 375 页。

本、降低风险的目的。”[①] 由于成本考量也是警务合作的一个重要障碍，减少合作成本也就成了一项重要措施。

减少中间环节和简化合作流程可以节约警务资源，是合成战和合成警务的基本要求之一。例如，各警务合作区每年分部门召开的联席会议，其优点是体现领导重视，各地职能部门领导人有了一个信息交流平台，但缺点是耗时耗力，形式色彩浓厚，实质内容不多，应当尽可能减少联席会议次数，改为两年一次，日常交流可以通过电视电话会议等方式展开。

区域警务合作的基本流程问题同样值得深思。《公安机关执法细则》已经明确，“协作地公安机关在接到协作请求后，首先应当对法律手续是否完备进行审查，对于符合条件的，应当及时无条件予以配合，不得以警力不足、经费缺乏等为借口推诿”。在这种情况下，协作地只需审查申请方的法律手续是否完备，而这种审查能力是任何一名一线执法人员都应当具备的（如其对法律手续不完备的请求予以合作，自然应承担相应的法律后果），因而申请方完全可以直接将合作请求送达可以实际执行合作任务的相应公安机关或其下设有行动决定权的机构，而没有必要每一请求均通过警务合作办公室报批后再转达实际执行者。换言之，应当尽可能地使被请求方接受请求的行为接近其执行上级命令的行为。对此，《警察法》第32条已经作出规定，“人民警察必须执行上级的决定和命令。人民警察认为决定和命令有错误的，可以按照规定提出意见，但不得中止或者改变决定和命令的执行；提出的意见不被采纳时，必须服从决定和命令；执行决定和

① 梁群：《论新时期合作警务发展策略》，《公安学刊》2009年第5期。

命令的后果由作出决定和命令的上级负责”，而且第 33 条也明确规定“人民警察对超越法律、法规规定的人民警察职责范围的指令，有权拒绝执行，并同时向上级机关报告”。这两条规定的立法精神，用于区域警务合作中处理请求方与被请求方之间的关系，具有相当的可比性。

在信息化高度发达的今天，警务信息化为我们降低合作成本提供了有利条件，一些以往需要通过被请求方细致实地调查的事项，现在都可以通过公安机关的数据平台获取。对公安机关而言，如果能够创新信息协作机制，依托网络阵地开展警务合作，将推动警务合作方式由传统的人员交往为主向网上协作为主转变，也将全面提升协作机制的技术含量和实战效果。

警务合作区的深入建设不能随意进行，而应该有一个科学的规划。如果追求稳妥的发展，规划本应是发展的先导。如果我们之前建立警务合作区时还有一些急躁，导致出现诸多问题，那么在当前形势下，公安机关应当开始从容不迫地进行警务合作发展规划。各警务合作区可以有意识地规划警务合作的发展步骤和方向，立足当前各成员单位警务工作的需求量，根据不同地区治安需求、不同基础设施的类型类别、不同层级的警力投放量等因素以及局部环境的特殊性，依照轻重缓急，结合已有合作机制的运行状况，紧密衔接所在地区“十二五”经济发展规划，编制出切实可行的五年或十年合作发展规划和年度执行计划纲要，设定长、中、短期警务合作发展目标，明确推进工作的实施步骤，作出科学合理的制度性安排。规划既要满足现实警务工作所需，又要预留警务合作的发展空间，更要评估和紧扣地区发展未来可能面临的社会形势，突出体现既集约高效又独立平等的合作宗旨，为警务合作的规范化发展设计科学的路线图。[1]

三、建立警务合作利益补偿机制和激励机制

原则上，警务合作是无偿和无条件的，但现行体制下亦有例外安排。例如，对于抓获网上逃犯的，抓获地公安机关可以按照公安部 1999 年发布的《关于实行“破案追逃”新机制的通知》的规定，向立案地公安机关收取一定的追逃奖金。该通知第八条规定了“追逃奖励”制度：“每抓获一名网上在逃人员，立案地公安机关要奖励抓获单位或个人五百元至一千元，案情重大、紧急的，可以视情提高奖励金额。奖励金额要标注在上网在逃人员信息中。……对抓获《公安部 A 级通缉令》被通缉人或者提供关键线索的有功单位或个人，由公安部给予奖励，奖励金额在通缉令上标明；对抓获《公安部 B 级通缉令》被通缉人或者提供关键线索的有功单位或个人，由申请发布通缉令的省级公安机关给予奖励，奖励金额由省级公安机关确定，并在通缉令上标明。对防逃意识强，‘犯罪嫌疑人到案率’高，防止在逃人员产生的；对抓逃工作成绩突出的单位和个人，要根据《人民警察奖惩条例》的规定给予奖励和表彰。”

不过，更为典型、背离与“无偿”原则最远的仍是《毒品案件侦查协作规定》。该规定的第 14 条指出，“在毒品案件

---

① 参见蔡田：《论推动长三角城市群警务合作一体化的动力及整合方略》，《上海公安高等专科学校学报》2012 年第 2 期。

侦查协作中查扣的毒资和涉毒财产，协作双方应该共同清点，并交由立案单位随案处理。办案单位取得罚没退还后，必须按比例与协作方分享。办理过程应严格实行收支两条线的原则”。该规定第15条进一步明确了比例的大小：“需异地公安机关参与侦查和经营，双方成立联合专案组共同侦破的毒品案件所追缴的毒资财产，办案单位依照有关的法律和规定取得罚没返还后按40%的比例由协作方分享；在异地公安机关协助下侦破的毒品案件追缴的毒资财产，办案单位依照有关法律和规定取得罚没退还后按30%的比例由协作方分享；请异地公安机关协助查封、冻结追缴毒资财产的，办案单位依照有关法律和规定取得罚没返还后按10%的比例由协作方分享；根据异地公安机关提供的情报线索立案并采取行动破获的毒品案件，对缴获的毒资财产依照有关法律和规定取得罚没退还后按20%的比例由提供线索方分享”。

这是在我国现实执法环境下建立的一种事后利益分享机制。理论上，办案罚没财物和款项应上交国库，但各地为鼓励执法机关办案积极性，会采用将执法收益按照一定比例返还办案机关的措施。[①] 显然，《毒品案件侦查协作规定》认为，执法收益的取得一定程度上应归功于协作方的努力，因此协作方也应取得部分收益。《毒品案件侦查协作规定》的这条规定显然与该规定第4条规定的“无偿”自相矛盾。尽管表面上，“无偿”是对协作当时之要求，但第14条显然也默许各地禁毒

① 这一规定的制度背景是全国禁毒工作领导小组、财政部《关于缉毒罚没收入列为禁毒专款的通知》（禁毒通字［1991］10号）。这种做法虽然具有一定的现实意义，但长远来讲，是否恰当，值得研究。近些年来，虽然实行了所谓的“收支两条线”，但将罚没款变相返还办案部门的做法仍不鲜见。

职能部门之间约定利益分成，业已存在对执法收益的期待，自然已经谈不上“无偿”。

《关于实行“破案追逃”新机制的通知》的奖励机制和《毒品案件侦查协作规定》采取的收益分成机制，虽然有值得商榷的地方，但却道出了合作博弈的一个硬道理：接受协助的一方必然要有所付出。这是不证自明的事实。我们不妨将其看成希望促进合作者在面对现实合作不力时的无奈，即虽然不愿放弃“无偿”原则，但却不得不在现实面前低头。

对此，可以从《联合国反腐败公约》中的制度安排得到一定启示。该公约第 57 条“资产的返还与处分”第四项明示：“在适当的情况下，除非缔约国另有决定，被请求缔约国可以在依照本条规定返还或者处分没收的财产之前，扣除为此进行侦查、起诉或者审判程序而发生的合理费用。”① 实践中，我国已经接受了在从收缴的赃款中扣缴被请求国执法费用的做法。

前述“点”对“点”合作即已提到利益补偿问题。我们要研究的不是如何实现绝对无偿、纯粹义务性的协作，而是如何进行利益补偿和调配，建立和完善协作激励机制。

不过，在尚无有关各地相互协作支出的统计资料的前提下，我们认为，还是有必要采取以下措施来解决被请求方利益受损时的补偿问题：

一是要为各地公安机关建立警务协作专项经费。由于提供警务协作而产生的经费可以从中得到支付，因而也有助于避免

① 《联合国反腐败公约》中文文本，参见 http：//www. spp. gov. cn/site2006/2006-04-30/001987455. html，2015 年 3 月 1 日浏览。

或减少区域警务合作占用本地警务资源。这一点，对于经济条件相对落后、警务资源相对不足地区来说，尤显可贵。

二是要完善区域警务合作的激励机制。任何组织要想最大限度地提高组织行为效率，除了采取最适合环境因素和组织目标需要的组织结构，大力改善具体行为的模式外，还需善用激励措施，刺激组织成员或其群体的工作积极性，使组织成员与组织自觉发挥主动性和创造性，提升工作品质和效益。[①] 对于区域警务合作来说，激励可以从多个方面入手。例如，完善侦查破案统计制度。侦查考核是影响侦查机关和侦查人员工作的重要指标，现有破案统计主要是“单向统计”，对协作破案的成果分配欠缺公平，影响了侦查部门参与侦查协作的积极性。因而对于因侦查协作而得以侦破的案件，应当建立“双向统计”制度。诚然，因为协作与独立破案毕竟有所不同，如何换算，应制定一定的比例标准。再比如在破案奖励方面，也可以考虑实行双向奖励，对于请求方因破案而受到奖励的，被请求方也应得到一定奖励。

三是针对区域内不同省市区的各自特点，由请求方为提供方提供必要补偿。有论者指出，沿海发达区域的警务合作需求量大，应强化主动沟通、主动服务意识，依托自身经济水平、机制完善、警务经验和技术开发等优势，争取不同区域的政府对口支持，将警务合作纳入区域社会、经济合作的总框架，力所能及地帮助异地特别是不发达地区协作单位改善警力资源、优化警务运作结构。不发达地区的公安机关则可尽量利用当地

---

① 刘为军：《刑事证据调查行为研究——以行为科学为视角》，中国政法大学出版社2007年版，第187页。

"熟人社会"的便利条件，发掘、拓宽信息资源，通过花钱买情报、灵活套情报、定向找情报等手段，为沿海发达城市提供继续的社会人口情报信息。[①] 这种观点实际上提供了一种长远解决方案，即以发达地区帮助不发达地区改变警务资源现状为手段，来实现双方良性的警务合作。

四、确立以"可置信的威胁"为底线并限制"一报还一报"策略适用的区域警务合作督促机制和责任追究机制

区域警务合作的最理想状态，无非是合作区公安机关能够充分利用熟悉辖区情况的优势，发挥主观能动性，把外地案件当成自己的案件来办，例如把外省网上逃犯当成自己的逃犯抓，引导区域警务合作由过去单纯依靠情感联系逐步转变为制度化和规范化运作模式，直至建立比较成熟的区域警务合作运行机制。

应当承认，这一问题的重要性已经引起了各地公安机关的重视。比较有代表性的如河南省公安机关在 2009 年度打击刑事犯罪绩效考核中，将打击犯罪新机制落实情况、协助外省破获命案、抓获外省命案逃犯、抓获外省逃犯作为重要考核指标，加强工作引导。[②] 不过，上述绩效考核机制并非长效机制。

---

① 上海警察协会第四课题组：《区域警务协作的路径选择和机制研究》，载罗锋主编：《第三届中国警学论坛文集》，中国人民公安大学出版社 2012 年版，第 341 页。

② 参见海南省公安厅刑警总队：《第六届中南暨泛珠三角十一省（区）刑侦协作会工作报告》，2009 年 12 月 30 日。

况且，指标化的绩效考核机制在实践中往往量化成具体数字，如有的地方规定每个刑侦中队每年要完成抓捕两名逃犯或者协助异地公安机关抓获一名逃犯的任务。这种量化指标一旦机械化，将对警务工作带来难以预估的伤害。而且，当专项斗争结束，各地公安机关是否仍有热情保持这种考核机制，值得怀疑。

我们认为，指标化或绩效考核机制引入抓逃指标，都是为了强制本地公安机关为外地提供协作，但这种办法不够全面。完善区域警务合作，还必须建立上级公安机关对区域警务合作的督促制度。督促制度符合博弈论视野下警务制度和政策发展的要求，即可以通过外部强加规范来促成合作。外部强加越有力，双方或多方合作的可能性也就越大。

当前的警务合作缺乏对被请求方的监督。在业务方面，为了更好地实现领导职能，对于一些跨区域的大案、要案，可以由所涉及区域的共同上级来主导或督办。对于请求方已经提交协作请求的案件，对于被请求方是否实际执行，执行到何种程度，应有合适的督促程序。请求方应有渠道对被请求方的行为进行检查，以避免被请求方不作为和敷衍了事。具体而言，当协作请求在一定期限内没有答复，或者协作被拒绝的，可以由请求方向被请求方的上级提出督促申请，由该上级具体督办或直接办理。近年来，检察机关所建立的侦查协作督导制度，即2006年在最高人民检察院专门成立了侦查指挥协作督导处，采取有力措施，加大对中央领导、院领导批办案件、地方查办有困难的案件和跨省区市案件的侦查指挥、协调、督导工作，保证了重点案件查处过程中侦查协作的顺利进行。[①] 如果这种督导制度在地方也予以落实，那么它必定能获得更大的协作收益。

当然，实践中，除了上级直接侦办或督办案件外，还可以通过业务考核评比等方式强化上级对于下级的业务管理，例如由公安部组织的全国公安经侦系统省际互检活动就是一项加强业务管理的举措，通过不同省份经侦部门互相检查，加强了公安部对经侦业务的管理。

相比于督促制度的构建，责任追究机制显得更为重要。诚如前述，虽然立法要求被请求方只能对请求方进行形式审查，但如果被请求方故意以未收到协作请求或者形式要件不具备等理由拒绝协作，请求方应如何应对，则无任何明文规定。因此，立法应当明确，当请求方具备法律规定的形式要件，被请求方拒不提供协作的，除了可申请其上级督促外，还应追究不协作方负责人的法律责任，如果因为不协作或者协作时敷衍了事、故意或过失泄露侦查信息等致使案件侦查失败或给侦查方带来重大损失的，被请求方的负责人和具体协作人员亦应追究责任。诚然，责任的种类和适用的具体条件应以规范的形式加以明确，具有可预测性才能发挥其约束作用。而且，只要违背相关责任条款，则惩罚不可避免，只有这样，才能使这种惩罚成为博弈论上所说的“可置信的威胁”。

为了确保合作责任的切实落实，除了相关立法外，《公安机关执法细则》也有必要采取硬性的配套性措施，明确规定凡是出现推诿、延误等不作为行为的，实行责任追究；造成

---

① 郭杨：《检察机关5年抓捕46名外逃嫌疑人 挽回损失1.2亿》，http://news.sohu.com/20080116/n254691446.shtml，2013年10月2日浏览。

严重后果的，实行责任倒查，并异地追究领导责任。作为责任追究机制的配套机制，也应当明确出现责任争议时的纠纷解决机制，特别是应当明确被请求方对其业已提供全力协助的举证责任。不过，惩罚不仅是指向被请求方的。《公安机关执法细则》对于请求方违法请求协作的，也应施加处罚。由于被请求方仅对请求做形式审查，因此如果请求方违法办案并请求协作，则被请求方无疑成为“帮凶”，不仅浪费执法成本，而且有损被请求方的执法权威。对于此种情况，应规定请求方的责任。

督促制度和责任机制，均是从外部来促进合作的。对于身为博弈参与者的各地公安机关来说，它们还存有以策略的方式来促进合作，如前文所说的“一报还一报”的合作博弈最佳策略。但是我国是法制统一国家，各地公安机关的根本利益被认为是一致的，因此不管合作是否有不好的先例，都不应允许各地公安机关实施“报复策略”。换言之，即使甲地公安机关的合作请求被乙地公安机关拒绝，也不应允许甲地公安机关今后拒绝乙地公安机关对其所提出的合作请求。对此，我们应鼓励各地公安机关采取“宽容”或“悔悟”的策略选择。所谓的“宽容”策略是指允许对部分采取背叛策略的博弈者不施加惩罚的策略；所谓的“悔悟”策略是指如果自己无意的背叛遭到对方的报复，那么自己不能被激怒，而是进入悔悟状态，而被害方则可以被激怒，一直背叛，直到对方出现合作行为从而使得自己满意为止。[①] 当然，若不允许博弈参与者采用“报复策

---

① ［美］罗伯特·阿克塞尔罗德：《合作的复杂性——基于参与者竞争与合作的模型》，上海世纪出版集团2008年版，第38页。

略”，我们就应当将责任追究机制迅速落实，以免有些警务人员利用这一点消极怠工。反过来讲，如果责任追究机制无法落实，即便我们反对博弈参与者采用“报复策略”，最终结局仍然会是多方最终都采用“报复策略”，从而形成非合作博弈局面。

五、构建区域警务合作争议解决机制

法律并未规定区域警务合作的争议解决机制，仅有少量警务合作协议涉及到这一问题，如泛西南警务合作区《打击经济犯罪合作机制》规定，“若成员单位在办案协作中出现协作争议，可由联席会议办公室进行协调，协调无果的应报请公安部协调解决”。再如《豫皖交界禁毒警务合作协议》也规定，“建立争议处理机制。毒品案件侦查协作方对案件归属、定性、强制措施等产生争议时，可报公安部禁毒局裁定。在争议协商处理期间，协作方不得拒绝和停止协作”。两份协议均将争议的最终解决交给了共同的上级公安机关，但从两份协议中也能看到争议解决机制是存在差异的。

没有规定或者规定较少，并不等于没有争议。虽然规范要求被请求方只对请求方的协作请求进行形式审查，但是被请求方完全可能以形式不符合要求拒绝形式实已齐备的协作请求，或者对协作请求置之不理，不做任何回应，或者虽然受理，但是怠于履行协作义务，诸种情形，请求方的要求难以得到满足，争议自然不可避免。对于警务合作区，由联席会议办公室协调解决，最终由公安部协调解决的思路，无疑是可行的，但对于非同一警务合作区之间的无协议的区域警务合作，一旦出现问题，共同的上级很有可能就是公安部。显然，公安部的业务部门作为一级管理部门，有权力也有义务来解决这些纠纷，但一旦争议大量存在时，其是否有足够人力、物力加以解决，则无疑是个大问题，或者说，两个不同省份的基层公安机关之间的协作争议，是否也有必要报送公安部业务局来处理？而且，对于请求方而言，一旦出现争议，解决争议的目的不是辨明双方对错，更重要的是能够及时解决争议，尽快转入执行被请求事项状态，即优先保障警务得以执行。警务活动往往都有时效要求，因此建立争议的快速解决机制刻不容缓。我们建议，应在公安部各职能部门均建立专门的小组，实行内部争议速裁机制，并且当警务要求急迫时，应当要求被请求方先执行。不过，在证明责任方面，由于请求方最有动力追求这种争议的解决，因此其应承担业已提出符合法律规定的请求且被请求方怠于协作或拒绝协作的举证责任。被请求方认为其自己已经全力提供协助的，应当举证证明。这种举证责任的设置，可以激励请求方提出合理协作请求，让被请求方尽全力执行合作请求，并在提出和执行协作请求的同时做好证据保管工作。

六、构建良好的公安机关内部沟通协调机制

区域警务合作出现的问题，与公安机关管理体制也有相当关联。公安机关管理体制的改革目标主要是为了破除地方主义

壁垒。[①] 以下以侦查机构的沟通协调机制为例解释这一问题。

2014 年的全国刑侦工作会议主要着力于解决侦查机制性问题，对侦查体制改动较少。因此，公安机关现行侦查机构的规格设置仍是 1997 年 6 月公安部召开“石家庄会议”之后的成果。此后，公安部相继在青岛、洛阳、厦门、天津等地召开有关侦查改革的会议，大致完成了全国的侦查改革部署。公安部提出的侦查改革，其内容涉及甚广，基本精神主要有下列方面：在体制改革方面，要建立覆盖社会面的责任区刑警队，改革侦查、预审分设的工作体制，实行侦审一体化；在侦查队伍建设方面，要通过破案责任制、聘任制、竞争上岗制和工作激励机制，提高刑警战斗力；在快速反应机制方面，要使指挥调度工作科学化、程序化，着重完善以“110”为龙头的诸警种联合作战的快速反应机制，强化硬件建设和巡逻堵卡手段，提高应对突发事件的反应速度和控制能力；强化三大专门手段（即侦查技术、刑事秘密力量和技侦手段）的建设；强化三大基础工作（即情报工作、阵地控制和刑嫌调查工作）。[②] 自提出全国性的刑侦改革之后，我国公安机关侦查机构形成的总体格局是：公安部设有刑事侦查局、[③] 经济犯罪侦查局、治安局、

---

① 关于本节内容详细的论述，参见刘为军：《刑事证据调查行为研究——以行为科学为视角》，中国政法大学出版社 2007 年版，第三章。

② 参见程琳、赵永琛主编：《刑侦改革本书》，中国人民公安大学出版社 2002 年版，第 12—17 页。

③ 在这里，需要注意刑事侦查一词的含义在学理上和实践运用中的差别。在公安机关内部设立的刑事侦查机构，实际上只负责一部分案件（主要是传统刑事案件）的侦查工作。它与经济犯罪侦查、禁毒、治安等部门是平行的侦查机构。因此，这里的刑事侦查只是指的一部分刑事案件的侦查。而在学理上，刑事侦查与侦查是一个含义，所谓经济犯罪侦查、毒品案件侦查等都只是刑事侦查（或侦查）的一部分。上述词义上的差异有时容易造成混淆。

禁毒局等具有侦查权的机构。各省侦查机构统一实行队建制，省级设刑警总队（有的设刑事侦查局）和相应的经侦、禁毒等机构。在各地（市）级，则设相应的警察支队。各县（市）级的侦查机构按照刑警大队、责任区刑警队和探组三级设置。有的大队下设区中队和直属中队。各侦查机构既服从所属公安机关的领导，也接受上级公安机关对应机构的领导。公安机关内部的“刑侦”、经侦、禁毒、治安等部门的侦查管辖权依据案件种类进行划分。[①] 除了上述上下对应的侦查机构外，在“大刑侦”格局下，整个公安系统的其他机构事实上都可以成为侦查机构的支持部门。诚然，以上只是总体的格局，各地改革进度和认识不一，因此彼此之间会有差别。不过，各省、直辖市和自治区公安机关大都借刑侦改革之机升格本地侦查机构级别和侦查机构负责人的职级。

刑侦体制改革取得了重大成就，但仍有一系列问题尚未解决，更加优化的组织结构模式仍然处于探索阶段。当前，对公安机关刑侦体制的批评主要集中在在机构设置和职权划分上不够严谨、科学方面：

第一，虽然侦查机构的总体规格已经呈现，但是许多公安机关在机构设置上还存在缺乏统一序列和统一规格的现象。[②] 机构设置的无序状态，一定程度上损害了执法的效率。

第二，有些地方公安机关过于追求与上级机关机构设置的

---

① 关于公安机关的机构设置，参见《公安机关组织管理条例》第二章“公安机关的设置”的规定。

② 以税务侦查工作为例，不但存在管辖权界定不清的情况，而且在具体办案机构设置上也比较混乱，税侦处、侦查科、打击涉税犯罪办公室、驻国税（地税）公安办公室，不一而足。参见徐震：《涉税犯罪案件侦查机制研究》，载赵永琛、何家弘主编：《侦查论丛》（第1卷），法律出版社2003年版，第374页。

对口，导致机构设置越设越多，工作越分越细，层次过多，职责不清，导致警力分散、边缘工作相互推诿、一线警力严重不足。①

第三，虽然各省市区公安机关升格了侦查机构，但具体运行机制存在较大差异。例如，有些省市区将刑侦局或刑警总队定性为办案实体，有的则专注于指挥和协调职能。不过，随着公安部、公安厅两级侦查机构迈向实战化，这一问题将得到解决。

第四，在侦查机构与其他警种的协调方面，不但公安机关内部不同侦查机构（例如刑侦部门与治安部门）在管辖权上还存在矛盾，而且治安、内保、户政、交警、巡警等部门从事的日常警务难以在需要时实现与侦查的对接。例如，在打击利用公路快速逃跑的犯罪嫌疑人方面，有的地方之所以打击不力，很大原因就在于交警、巡警和治安、交通部门未能真正建立起配合侦查部门打击犯罪的协调机制。在基层责任区刑警队与派出所的关系上，类似的矛盾显得更为突出。例如，派出所与责任区刑警队在工作上各自为政的现象比较普遍，未能发挥改革时所预期的相互配合、侦防互补的整体效益，情报交流也不是特别通畅。实际上，虽然按照规定，针对派出所辖区内发生的案件，派出所要配合侦查机构的工作，但是到底配合到什么程度，各地几乎都没有合理的界定。②

上述局面，虽然问题主要集中在同一侦查机构内部，但是

---

① 侯钟山：《公安管理体制改革势在必行》，《云南公安高等专科学校学报》1999 年第 1 期。

② 参见程琳、赵永琛主编：《刑侦改革本书》，中国人民公安大学出版社 2002 年版，第 62 页。

不可避免会伤害到区域侦查协作。公安部提出“合成战”理念，就是期望实现案件侦查中不同区域、不同警种、不同侦查手段的无间融合，目的也在于破除现行侦查管理体制对个案侦查的一些制约效应。

综合上述分析意见，我们认为，今后的公安机关警务管理体制改革应根据组织变革的一般原理，着重采取以下几点完善措施：

一是要重视文化在组织变革的两面作用，注意完善公安机关内部软环境。“文化对于组织，犹如个性之于个体。”[①] 组织文化与警察文化具有一定的同质性。[②] 组织文化具有导向、激励、创新、约束和效率等功能。我国有许多学者曾对警察文化进行过较为深入的探讨，[③] 故本书不再重复这种讨论。目前已经建成的警务合作区，许多都有相似的文化底蕴和历史发展进程，组织文化的建设和交流具有先天的人文基础。

决策层应充分注意到组织文化在组织变革中的正负面效应，通过一系列有助于良好的组织文化建设的措施，发挥文化对组织变革的积极意义。我们认为，这类措施包括：1. 以开放

---

① ［美］迈克尔·L. 瓦休等著，刘铮、张斌涛译：《组织行为与公共管理》（原书第3版），经济科学出版社2004年版，第252页。

② 之所以得出这一结论，是因为通说的观点往往也把警察文化定位为警察群体的共享价值观体系。例如，有学者认为，“警察文化是指由警察群体在长期的警察实践发展过程中，所共同创造、共同拥有的具有警察特色的物质形态、精神意识及其行为方式的复合体”（引自张兆端：《警察文化与新时期警察管理》，《江苏公安专科学校学报》1995年第1期）。有的学者直接认为警察组织文化是狭义警察文化的子项之一（参见张会文：《警察文化——走向21世纪的时尚观念》，《公安教育》1995年第3期）。

③ 例如可以参见王大伟、付有志编著：《世界警察理论研究综述》，群众出版社1998年版，第98—113页；《创造具有时代精神的人民警察文化：警察文化论文集》，中国人民公安大学出版社2002年版。

型的体制取代传统僵硬的、封闭式的管理体制。[①] 开放型的体制将鼓励各职能部门和警务人员的个体活力，有利于他们以默契的配合来补充僵硬的行政协调。2. 通过各种手段营造“以人为本”的氛围，使警务人员的尊重、理解等精神需要得以满足。3. 在组织机构的重大决策上，积极鼓励警务人员的民主参与，创造目前公安机关极为欠缺的民主氛围。4. 大力借助社会群众文化团体、组织、媒介等各种平台，推动同一警务合作区警务文化的进一步交流互动，比如可以充分利用各成员单位培训教育资源和载体，开展定期互访交流、举办文化沙龙、互邀重要活动观摩等形式多样、内容丰富的互访联谊活动，促进部门之间、民警之间的交流沟通。5. 通过利用互联网和其他渠道传播警营文化建设成果，促进各级公安机关警务合作荣辱与共理念的塑造与形成，不断增强各类品牌文化对警务合作的促进作用。6. 构建警务合作区优秀警务人才库，不仅在办案时提供所需人才协助，也可以在日常提供培训服务或者开展学术性交流，增强各地对异地公安机关的认同感等等。

二是完善公安机关机构之间的协调和沟通机制。由于警务分工愈加精细，组织内部分化的程度日趋细密，组织结构也愈加复杂，为了使各分支机构以协调一致的步伐达成共同使命，除了通过共同的领导之外，还需以协调来整合各分支机构的关系。协调和沟通涉及上下级机构、不同地区机构和同一机构内

---

① 有论者曾提倡封闭式侦查管理机制，即确定领导，精选办案人员，建立专案组织机构，将案情、侦查意图、方案、进展情况信息最大限度地限制在一定的时空内，对内、对外完全封闭的管理方法。参见河北省冀州市人民检察院调研室：《封闭式侦查管理机制刍议》，《人民检察》1996 年第 7 期；曹广柱：《大要案侦查管理机制刍议》，《河北法学》1996 年第 1 期。此种封闭式侦查管理机制是指对外封闭，对组织内并不封闭，因此并非这里所说的传统的封闭式体制。

部。上下级以及同一机构内部之协调沟通如果不畅通，自然会影响不同地区机构之间的沟通。

在上下级机构的协调方面，目前讨论最多的是中央与地方之间双重管理体制的改革问题，涉及的是中央集权与地方分权的权力配置。对此，理论界和实务界提出了很多意见，比较有代表性的观点有二：一是主张公安机关建立垂直管理体制；二是主张应当在不改变现有“条块结合，以块为主”管理体制的前提下，仅在某些职能部门特别是侦查部门实行自上而下的垂直领导，建立集中型（侦查）管理体制。这两种观点体现了希望通过内部集权化改革来解决一些根本性问题的意愿。不过，垂直管理仍然难以从根本上破除地方保护主义。虽然实施垂直领导的公安机关（或其职能部门）的人、财、物可以不受地方节制，但仍设在地方，尤其所执行的主要也是本地警务。与法院可以在法庭居中裁判所不同的是，警务（尤其是侦查、治安等业务）的特殊性决定了公安机关必然要和地方各界打成一片，发生千丝万缕的联系，需要地方各部门在信息共享、执法衔接等方面的大力支持。因此，尽管垂直领导有一定价值，但并不能一劳永逸地解决地方保护主义问题。相反，目前对我国各地公安机关警务未能贴近地方需求的批评声仍然非常大，实行垂直领导后容易滋生对地方需求的傲慢，对基层民众需求反应迟缓，对公安工作的长远发展未必有利。在实施以地方分权为特点的警察体制的国家，如美国和英国，虽然有一定的集权化发展倾向，但最终不太可能背离地方自治的根本特征，究其原因，除了国家政治体制中的中央与地方分权外，更重要的或许还是，面向当地的警务才是主流——离开本地的各种支持，警察机关寸步难行。

在管理体制改革方面，针对警务合作的专门要求，也有观点认为，应当尽快升格和完善区域警务合作的权威性领导机构，通过提升警务合作领导机构的方式来解决地方保护主义问题。例如，苏浙皖沪警务区已经建立了“苏浙皖沪警务合作领导小组”，并常设办公室，协调省市一级警务合作的相关事宜，可以现有苏浙皖沪区域合作框架为基础，由公安部牵头，按照“统一领导、分级管理、反应灵敏、运转高效”的发展思路，将“长三角城市群”警务合作作为推进“一体化”的试点地区，升格现有的警务合作机制，成立“长三角城市警务合作联勤部”（简称“警联部”），由公安部领导兼任总指挥，副职由相关省市厅局主要领导分任；常设警务合作局，由从长三角地区各级公安机关遴选综合素质高、协调能力强、业务基础扎实、实战经验丰富的人员组成，以加强城市间合作交流的组织协调。“警联部”之下可在省会城市和若干重点城市成立分部，在地级市建立警务合作处，明确各级分管领导和联络员，形成覆盖区域内所有地、市、县的多层级联络架构，统筹各种警务资源，组织实施具体层面的合作交流活动，并出台相关工作规范，明确联络员相互之间不受层级限制，可以直接开展实务性的合作。[①] 依此逻辑推理，所有的警务合作区均可建立类似的机构。

这一方案力图扩大现有警务联络办公室职责，提升其规格，以促成各地区的紧密合作，其背后的理念仍然是希望将这一机构变成警务合作执行部门的“准上级机构”。这一方

① 参见蔡田：《论推动长三角城市群警务合作一体化的动力及整合方略》，《上海公安高等专科学校学报》2012 年第 2 期。

案与各地公安机关其他职能部门的规格提升路径几乎一致，即通过提升规格以突出其地位，为其执法活动减少阻力。但是，随着众多职能部门均通过这种方式实现升格之后，这种方式所带来的效果将消弭殆尽。因此，这种方式短期内可以奏效，长期来看则不尽然。因此，这一方案可以实施，但不能寄予厚望。

在绝对垂直管理难以实现且无必要的前提下，我们认为，可以考虑强化上级公安机关在业务方面对于下级的管理力度，从实践中“指导”居多转向真正的“领导”：

一方面，侦查权主要是一种中央事权，各级公安机关（至少侦查部门）的经费保障工作应由省级财政交由中央财政保障，并强化落实。公安机关承担了绝大部分刑事案件的侦查任务，国家必须给予充足的人力、物力和财力保障。虽然我们不应追求超越经济发展水平和超过现实需要的装备条件，[①] 但是由国家财政统一单独编制预算，至少可以保障经济欠发达地区的公安机关（或侦查部门）经费不致过于紧张，实现各地公安机关在物质装备、工资福利等方面的统一标准，避免各地公安机关（或侦查部门）因待遇、装备条件等差距过大而出现不平等现象，加速公安机关现代化步伐。实际上，从世界范围内来看，实行集权式警察体制的国家的警察机关，其经费的主要承

---

① 1976 年，安德逊在其著作《从人力资源到观念的转变》中提出了无增长改善论，认为警察所需的资源远远超出了社会经济能力所能允许的范围。大幅度提高警察开支，负担庞大的警察队伍是无益的、危险的。警察现代化应当偏离强调提高警察比例和装备高度现代化的美国模式。社区警务是警察现代化之后警务改革的必然方向。参见王大伟编著：《英美警察科学》，中国人民公安大学出版社 1995 年版，第 276 页。但就我国目前之现状来看，有必要实现警察（包括侦查人员）、警察资源在质量上和数量上的同步增长。

担者往往都是中央财政。在实践操作中，可以结合各地公安机关上报的警务计划等来确定其预算，并结合该警务计划的落实情况来决定下一年度预算。

另一方面，应当（通过公安系统的内部领导体制）实现国家在公安机关下属职能部门设置、人员录用、干部任免、装备配置、工资福利等方面统一安排。换言之，要实现国家在不同职能部门警务人员人事管理以及资源调度上的标准化和统一化。人事管理的条状管理和统一化，有利于提升侦查机关的专业化程度，减少管理环节，改善具体的警务行动的效率和成效，有助于抵销地方保护主义、地方权本位乃至地方权力腐败的不利影响。要实现执法的统一化和标准化，人员素质是重要保障。除了准入制度的统一化外，培训标准的统一化和标准化也是一个重要因素，通过统一和标准化的培训，各地各级的警务人员将比较容易在执法时形成共识，有助于形成职业共同体氛围，从职业文化层面间接地增强各地各级执法人员之间的认同感，进而促进执法中的协调沟通水平。①

不过，需要说明的是，上述改良并不意味着公安机关完全放弃“块”的领导或者说要弱化“块”的领导：一方面，上

① 也有学者主张我国公安机关侦查体制不宜进行大的变动，而应该在以分散为主、以集中为辅的侦查体制不变的情况下，局部强化集中统一性，理由如下：一是侦查体制应同整个公安体制保持一致，如果侦查工作在体制上失去了行政机关和公安机关的双重依托，其工作的开展乃至资源的保障将面临重重难以想像的困难；二是我国侦查体制的设计应同国际范围内集中制侦查体制与分散制侦查体制相互融合的趋势相一致；三是侦查体制的设计应遵循明晰中央事权和地方事权、分级负责的原则；四是对那些易于出现地方保护的特定类型案件的侦查，比如对黑社会性质组织犯罪的侦查、对重大经济犯罪的侦查、对跨区域犯罪的侦查，可通过上管一级、部厅督办或直办等形式强化集中统一性；五是可以通过建立健全区域协作、部门协作机制，弥补分散体制在侦查协作上的弊端。参见郝宏奎：《侦查与侦查学若干基本问题探讨》，《贵州警官职业学院学报》2004 年第 1 期。

交中央的权力并非警务的全部，并且主要是通过公安机关的内部管理来促使执法方面的统一化；另一方面，必须有地方监督和民主管理的存在。在实行“以条为主”的管理体制之后，不但不应弱化地方对侦查机构的监督力度，还要加强监督力度，促进公安机关的民主建设。不过，监督的方式应有所改变。例如，地方政府仍然应当享有对公安机关人事、财政等方面的建议权、提请异议等权力。也可以考虑借鉴意大利等国的做法，允许各级议会对警察机关实施监督，警察机关有义务向议会提交年度报告，接受议会质询等等。

在同级公安机关及其职能部门的协调沟通方面，曾有学者建议设立类似于美国联邦调查局地方机构的跨区域警务机构。我们认为，由于存在强有力且实行集权式领导的上级机关，因而没有必要在各平级机构之上再增设独立的协调机构。事实上，由于美国警察体制的地方分权色彩，美国联邦调查局与各州、县、市警察机关的沟通配合亦存在诸多问题。[①] 不过，在上级机关内部组建常设协调机构的确可行。欧洲刑事警察组织在其内部设立了一个由各成员国派驻联络官所组成的联络员网络，成为其协调各国行动的枢纽，为跨国合作提供了重要平台。我国各地之间的协调其实可以考虑借鉴欧洲刑事警察组织这种模式，虽然后者的联络官网络是解决国与国之间警务合作问题，但并不排斥一国之内的应用价值。当有争议时，由上级职能部门作出决定。一旦整个联络员网络运转之后，随着联络机制日渐成熟以及联络员相互熟悉，整个协调和合作的范围将

---

① 美国许多大案侦查过程已经反映了这种配合上的问题。典型案件如海伦案，详细案情参见李昌钰、托马斯·W. 奥尼尔著，刘为军译：《神秘血手印：神探李昌钰破案实录5》，中国政法大学出版社2012年版。

扩大，效率也将大幅度提高。以联络员网络为依托，还可以完善各地侦查机构相互通报案情、嫌疑人情况等情报信息的机制，为完善信息情报网络系统奠定基础。① 需要注意的是，根据各地警务合作协议，各省级公安机关也设置了警务合作办公室，各地实际上已经建立了联络员或联络官制度。公安部在“跨区域办案协作机制”中也建立了联络员制度，省、市、县区三级公安机关各设两名联络员，负责本辖区与外地“点对点”办案协作联络工作。但警务合作协议和“跨区域办案协作机制”所设置的联络员，并非平等合作主体设置在上级机关的，而且警务合作主要是按照专业警种实施的，直接由专业警种之间展开合作（必要时也可以打破警种界限），比通过警务合作办公室要更加迅捷，对合作请求的审查也更为专业。警务合作办公室本身不具备办案能力（虽然有建议希望把其转变成一个具有实际办案能力的机构），其角色定位主要是上传下达、组织会议、撰写总结性材料等事务性工作。当然，向上级机关派驻联络员制度的做法也有其弊端，对于公安部以及一些大省，上级接纳的警务联络官数量可能过多，将在一定程度上增加合作成本，但是如果考虑到政府机关从下级机关“借调”成风，这种成本也许并不可怕。

此外，前已述及，出于提升区域警务合作效率的需要，完善不同警种（比如侦查部门）与异地其他警种的合作也是十分必要的。目前，许多警种之间已经直接或通过第三方平台（如情报信息中心）建立了情报信息共享机制和联动机制，虽然各

① 关于欧洲刑事警察组织的全面介绍以及这种联络员制度的详细论述，参见何家弘主编：《刑事司法大趋势》，中国检察出版社 2005 年版，第 463—478 页。

地的联动机制几乎都处在进一步探索阶段，目前也还没有一个统一的最低标准或规格去衡量各种模式的得失，但这是一个值得鼓励的方向。

附 录 一

海峡两岸毒品犯罪侦查协作机制研究*

【摘要】 台海两岸共同面对毒品犯罪的严重威胁，但以《遣返作业协议》和《海峡两岸共同打击犯罪及司法互助协议》为基础的侦查协作模式无法满足实践需要。在合作博弈理论看来，实现两岸良好侦查协作的基础性要素是明确或建设共同性执法利益，订立“强制性契约”。在当前政治、经济和文化背景下，两岸应当达成默契，“内化”相应侦查协作规范，建立以执法收益分成为主要内容的共同利益格局，将毒品犯罪案件协作去政治化，确立两岸具体执法部门直接对话通道，推动毗邻区警务合作区建设和“点对点”合作，并以联合执法、统一培训标准等具体措施将协作落到实处。

【关键词】 毒品犯罪侦查协作　合作博弈　强制性契

---

* 与张黎合著，原文为第八届海峡两岸暨香港、澳门警学研讨会征文，收录于《中国人民公安大学学报（社会科学版）》2013 年度增刊（2014 年 3 月出刊）。原文有副标题“以合作博弈理论为分析工具”。

约内化　去政治化

大陆与台湾地区经历了数十年的不和，目前大致按照“先经后政”的思路，在经贸合作领域取得了重大进步。2010 年，大陆的海峡两岸关系协会（以下简称海协会）与台湾的海峡交流基金会（以下简称海基会）正式签署了《海峡两岸经济合作框架协议》（繁体版本称“海峡兩岸經濟合作架構協議”，英文表述为 Economic Cooperation Framework Agreement，以下简称 ECFA）以来，经贸合作提速空前。根据欧盟一体化的经验，经贸合作的飞跃也将为犯罪者提供便利和机会，甚至形成所谓的犯罪统一市场，为不同司法辖区的警察执法带来新的挑战。[①] 两岸关系与欧盟内部关系有着本质的区别，然而许多问题都是由经济交流日渐频繁所致，但却不能如经济合作一样以深度合作方式加以解决，特别是在政治与法律领域包括打击犯罪，许多事务性议题裹足不前。

在两岸所共同面对的各类犯罪中，毒品犯罪是较为严重的一种。如果两岸不能解决管辖区域分立与罪犯及犯罪嫌疑人更加自由流动之间的结构性矛盾，那么涉及两岸的毒品犯罪状况将会恶化。[②] 两岸执法机关的执法协作，其互动符合博弈论上对博弈行为的理论预设，基于这种考虑，在深入了解两岸毒品犯罪侦查协作现状的基础上，以博弈论特别是合作博弈理论为分析工具，探索两岸协作存在的主要问题和完善策略，无疑也

---

① 关于欧盟经济一体化及其区域警务活动的影响，可以参见刘为军：《欧盟警务一体化的现状、制约因素与发展趋势》，《欧洲研究》2004 年第 6 期。

② 张远煌、刘为军：《海峡两岸毒品犯罪侦查协作机制研究》，《法治研究》2011 年第 2 期。

是恰当的。

一、海峡两岸毒品犯罪及侦查协作机制现状

（一）海峡两岸毒品犯罪现状

当前，两岸的毒品犯罪形势均有恶化趋势。仅以查获的犯罪而论，台湾地区被起诉的毒品案件量和人数屡创新高，目前因毒品犯罪而被收容的人数已占监狱收容总人数的40%左右。据统计，从2005年开始，监狱和看守所中因毒品犯罪而遭受刑罚处罚的人数也已超越“窃盗罪”（大致相当于大陆的盗窃罪）人数，居犯罪首位。[①] 在大陆，仅2012年全年即破获毒品犯罪案件12.2万起，抓获毒品犯罪嫌疑人13.3万名，缴获海洛因7.3吨、鸦片0.8吨、冰毒16.2吨、氯胺酮4.7吨、大麻4.2吨，各级公安机关还成功破获易制毒化学品犯罪案件800起，抓获犯罪嫌疑人899名，缴获各类用于制毒的化学品及非列管物质4083吨。[②]

大陆和台湾地区的毒品犯罪并非孤立于彼此而存在。根据台湾地区的统计，其安非他命（即“冰毒”）半成品及原料全部来自大陆，其他类型毒品也有相当比例来自大陆。[③] 台湾地

---

① 参见王皇玉：《台湾毒品政策与立法之回顾与评析》，《月旦法学》2010年第5期。

② 国家禁毒委员会办公室：《2012中国禁毒报告》，第29、35页。

③ 参见台湾地区“卫生署”、“法务部”、“教育部”编著：《91年反毒报告》（2002年版）。需要注意的是，输往台湾的部分毒品（如海洛因）主要来自“金三角”地区，大陆是中转地。

区历年的反毒报告都表明，大陆是其毒品走私的最大来源地，也是“金三角”毒品输往台湾的主要通道。[①] 有意思的是，由于两岸各自打击重点因时而异，有些犯罪类型还会在两岸之间出现转移现象。例如，台湾地区制造安非他命的麻黄素原本主要从大陆通过走私取得，由于当时走私打击不力，麻黄素获取容易，因此在台湾出现了安非他命泛滥的现象。对此，台湾当局加大了对生产安非他命行为的打击力度，于是毒犯把生产工厂直接搬到大陆沿海一带，在原料获取地直接生产毒品成品后再非法运回台湾。随着大陆加大对毒品生产工厂的打击，毒犯又纷纷转移到台湾，在台湾城郊或山区组织生产。当前，有研究及实际案例证明，两岸的毒品犯罪集团已经出现合流迹象，朝组织化、集团化方向发展。[②] 据福建警方统计，2001—2006年，福建省共破获涉枪涉黑的涉台毒品犯罪案件 5 起，缴获各类枪支 30 余支，子弹 1000 余发。[③] 这一数据形象地展现了两岸毒品案件互涉的严峻现实。

（二）海峡两岸毒品犯罪侦查协作机制现状

海峡两岸当局都对毒品犯罪实施了严刑峻法，全力扫毒，这与中华民族自鸦片战争以来所经历的苦难密不可分。但是，各自严峻的毒品犯罪形势以及两岸毒品犯罪合流现

① 参见张远煌、刘为军：《海峡两岸毒品犯罪侦查协作机制研究》，《法治研究》2011 年第 2 期。

② 参见朱蓓蕾：《两岸交流衍生的治安问题》，《中国大陆研究》2003 年第 5 期。

③ 参见福建省公安厅禁毒总队编印：《全省公安禁毒调研文章及典型案例评析选编》，转引自苏瑛玉：《海峡两岸互涉毒品犯罪现状、原因及对策研究》，http：//jcy. jinjiang. gov. cn/E_ReadNews. asp？NewsID = 320，2013 年 6 月 1 日浏览。

象，构成了两岸必须携手应对毒品犯罪的现实基础。两岸只有携手合作，才能有效遏制毒品犯罪特别是跨境毒品犯罪的持续恶化。

从规范角度来讲，1990年以中国红十字会总会与台湾红十字组织名义签署的《遣返作业协议》（因在金门签订，通常也称为《金门协议》）是两岸正式侦查协作的开始。《金门协议》倡导海峡两岸合作打击跨境违法犯罪活动，并以“人道、安全、便利”为原则，对违规进入对方辖区的居民和刑事嫌疑犯或刑事犯规定了遣返的一些细节性问题，如交接地点、交接程序等。

最初，《金门协议》由两岸的红十字会以非官方身份执行。后来，海基会和海协会也获得了执行遣返的权利，二者虽然是民间团体，但因其地位特殊，因此其合作也可认为是半官方性质的。两岸在《金门协议》的框架下开展了一系列遣返作业，成果显著，为此后的深化合作奠定了良好的基础。

不过，合作内容局限于遣返问题的《金门协议》，并不足以担当两岸全面侦查协作的重任。2009年，海协会与海基会达成了《海峡两岸共同打击犯罪及司法互助协议》，两岸侦查协作至此取得重大突破，海峡两岸在刑事领域的合作事项拓展至共同打击犯罪、送达文书、调查取证、犯罪情报交换、协助缉捕、遣返，并将毒品犯罪纳入双方着重打击的犯罪之列。尤为可贵的是，该协议还对上述合作事项的具体内容和基本程序作出了细致化规定，具有很强的可操作性。协议还特别对执法费用作出规定，双方各自承担因执法合作所产生的费用。显然，该协议无论从合作内容还是合作形式上相比《金门协议》均有许多进步，在两岸执法合作史上具有里程碑式意义。

除了通过合作协议设立的合作通道外，两岸还有一些其他合作方式。例如，台湾虽然不是国际刑警组织成员单位，但在国际刑警组织框架下，两岸也有一定的合作空间，如通过国际刑警组织日本中心局代为转达合作请求，[①] 不过这种模式已经很少采用。

可见，海峡两岸的毒品犯罪侦查协作机制主要还是以《金门协议》和《海峡两岸共同打击犯罪及司法互助协议》为基础，并且取得了相当成绩。实践中也有例外做法，例如大陆海协会将合作请求直接传真给台湾地区立法委员办公室海峡两岸人民服务中心，或者通过大陆“台商协会”等途径请求台湾当局协查的案例。不过，这种方式因其不够规范，而且容易引发其他猜想（如“渗透”），实际上没有存在之必要。

当然，我们也应当看到，在辉煌成果的背后，是两岸现行侦查协作在整体上的非规范性、非常态化和不稳定性，距离合作无间的理想状态相距甚远。

二、博弈论视野下海峡两岸侦查协作机制的基石

博弈论研究人的博弈现象和博弈行为的一般规律，其所抽象出来的关于博弈的模型和理论对于我们分析具体的行为，具

---

① 张远煌、刘为军：《海峡两岸毒品犯罪侦查协作机制研究》，《法治研究》2011 年第 2 期。

有普遍性价值。海峡两岸毒品侦查协作展现的是两岸执法机关的合作关系，正好与合作博弈理念相契合。而且区域警务合作所强调的合作主体之间的平等地位，也与典型博弈分析中关于博弈参与者地位平等的假设一致。

一般认为，要构成比较理想的合作博弈，需要博弈各方符合以下条件：一是在博弈各方之间存在共同利益；二是博弈各方之间要有必要的信息交流，通过信息交流和讨价还价，各方取得大致相等的信息对称地位；三是遵循自愿、平等和互利要求，博弈各方地位平等，合作基于自愿，能够分享合作利益；四是各方之间存在强制性契约，违背各方达成的强制性契约者将遭到相应惩罚，而且这种惩罚具有不可避免性。[①]

根据上述要点，结合当前毒品犯罪侦查协作机制实际，我们认为，两岸在毒品犯罪侦查协作领域合作未达理想状态的主要因素在于共同利益和强制性契约两大条件方面存在明显缺陷：

（一）两岸之间“强制性契约”问题

“减少警务合作中的随意性、无序性，制定协作方共同遵守的、有约束力的可行性联络规范，建立稳定的机制，减少自然因素、人为因素对警务合作过程的干扰是非常必要的”，“通过稳定的协作机制，设立固定人员，确定日常警务联络、合作

---

① 侯光明、李存金：《管理博弈论》，北京理工大学出版社 2005 年版，第 14 页。关于合作博弈理论在侦查制度构建中的应用问题，更详细的论述，可以参见刘为军：《侦查中的博弈》，中国检察出版社 2011 年版，第四章。

方式和处理问题的便捷渠道，有助于把各自优势转化为整体优势”。[①] 作为合作博弈基本条件的“强制性契约”，这种协议的约束力必须得到尊重，即这种协议能够达成“可置信的威胁”。所谓“可置信的威胁”，是指“一个威胁有效的前提条件是必须有说服力，而说服力取决于两个方面‘力量’和‘可信度’。力量是指作出许诺或威胁的人具有（明显）能力，使得所作出的许诺和威胁力度足以让对方遵守好的行为。可信度是指，对方相信所作出的许诺或威胁将被真正执行”。[②] “可置信的威胁”可使博弈参与者“不敢”违背协议。然而，两岸合作的主要依据是《金门协议》和《海峡两岸共同打击犯罪及司法互助协议》，它们距离所谓的“强制性契约”显然还有不短的距离。协议由具有半官方性质的民间团体订立，虽然事实上反映着两岸最高决策层的决意，但对两岸执法机构仍然欠缺强制力，如果一方拒绝执行（特别是政治氛围不佳时），另一方除了采取不予合作的报复措施，很难有其他作为，无法取得良好的协作效果。台湾地区曾有研究者表示，大陆在执行《金门协议》等方面反应较为冷淡，并未积极配合。[③] 大陆也有法官撰文指称办理涉台刑事案件时遇到不少问题，障碍因素分布于证据采信、协助调查等诸多领域。[④] 这些现象与两份协议的强制执行力不足有关，两份协议的约束力太弱，不符合合作博

---

① 上海市警察协会第四课题组：《区域警务协作的路径选择和机制研究》，载罗锋主编《第三届中国警学论坛文集》，中国人民公安大学出版社 2012 年版，第 344 页。

② 参见［美］托马斯·谢林著，王永钦、薛峰译：《承诺的策略》，上海世纪出版集团 2009 年版，第 3 页。

③ 高政昇：《两岸共同合作打击犯罪之探讨》，《2001 年犯罪防治学术研讨会论文集》，台湾地区中央警察大学 2002 年版，第 24—28 页。

④ 刘道伦：《两岸共同打击刑事犯罪存在的问题及对策探讨》，http：//www. smjcy. xm. fj. cn/news/show. aspx？ id =3483，2010 年 8 月 15 日浏览。

弈理论的预设，不足以保障合作博弈的持续。

当然，最理想的协议高度应当是能够使博弈参与者“不愿”违背的协议。因此，无论是否纳入立法程序，协议本身都必须是完备的，符合警务合作的科学规律。理论上，存在这样一种规范或协议，其本身的不合理性使其即便规定再多的制裁后果也无法保障其得到执行，即存在各方根本无法去实现的规范和协议。从“不敢”到“不愿”反映的是规范和协议制作水平的高低，但不管怎样，一份合格的规范或协议至少要能达到令人“不敢”的要求，也就是必须包含“可置信的威胁”。

可以想见，如果两地能够如执行各自立法一样执行这两份协议，自然不存在所谓“强制性契约”问题。换一个角度来说，如果能将两份协议内容纳入两地各自立法体系，或者在两地立法中收入两地协作专项规定，将极大促进两地在毒品犯罪侦查领域的通力合作。诚然，在融入立法的过程中，如果能对协议内容进行充分完善，增加责任机制、程序设置等新的规范内容，则能进一步提高协作规范的强制力和执行力。

（二）对共同利益的认识问题

合作博弈的基础是博弈各方存在共同利益且各方对彼此的利益互补存在清晰而准确的认识。两岸具有打击毒品犯罪的共同利益，且两岸高层对此均有清楚认识，这一点毋庸置疑。但是，具体到每一次执法行动，台湾地区与大陆各自实际执行该执法行动的机构是否存在共同利益，共同利益是否对等，协作是否使一方获益不足甚至实际利益受损，或者彼此是否明确这一点，则是值得探讨的。毕竟，我们不能强求所有地方执法机关负责人都具备全国乃至全球视野，如同国家领导人一样思考问题。相反，执法活动绝大部分是针对本地的，领导者的角色首先应该具备为本地公众服务的素养，工作重心是满足本地的合法诉求。

据此，要实现两岸各地具体执法部门之间的精诚合作，必须有一种合理的制度或机制，确立各地之间的共同利益，并且让各地清楚地认识到这种共同利益的存在。如果不存在这种共同利益，或者利益互补性不够，那就必须为合作创造或补足这种互补性利益，因为“进入何种规则体系的决定因素，正是对不同规则背后的利害得失算计”。[①] 换言之，合作博弈必须充分照顾到合作者的利益。基于双方互补性利益的存在且大致相当，有可能实现非零和的双赢状态，才有可能维系双方的后续合作。因此，如果共同利益或互补性利益所显现的是合作将导致一方占优，那么占优的一方在理论上就应当为对方提供相应的回报。这实际上就是博弈论强调的“经对方承诺并可兑现的回报”。不同执法机关的能力各有差别，如果不能确保付出多的协作方得到更多的补偿或回报，则难以让其产生继续合作的动力。

实际上，有台湾地区学者认为中国大陆协作不力，背后要因之一便是双方协作不对等导致的一方协作动力不足。有数据表明，在协助查缉、遣返方面，历年来中国大陆对于台湾地区要求遣返的人数，其执行程度约为12.4%，而台湾地区对于中国大陆要求遣返的人数，执行程度为66.6%。数字所反映的是执行比例，并未说明执行的总数量。中国大陆相比台湾地区而

① 吴思：《隐蔽的秩序》，海南出版社2004年版，第327页。

言，合作所涉及的执法机关数量众多，中国大陆整体上为台湾地区执行的协作数量绝对不会少于台湾地区为中国大陆所执行之数量。之所以出现比例上的差异，或许正因为两岸合作请求之不对等性导致合作利益对大陆吸引力不强，不能对被请求提供协作的大陆执法机关产生足够正面激励。[①] 在这种情形下，必须要为双方构建新的共同利益或者对提供协作方作出一定补偿或回报，才能实现有效激励。

上述两大要素并非孤立存在，因为以共同利益存在为前提的回报的保障本身也依赖于强有力的协议。[②] 在具备上述要素的前提下，通过反复的合作以及舆论、制度、教育等多方面的培育，才有可能使合作理念变成一种警务文化，能够在制度环境下依靠文化力量的推动，获得持久的执行力。

三、完善海峡两岸毒品犯罪侦查协作机制的建议

诚如前述，根据合作博弈理论的要求，两岸要实现良好的侦查协作，急需建立共同利益的确认和补偿机制，并达成具有强制约束力的协议。两岸唯有在《金门协议》和《海峡两岸共同打击犯罪及司法互助协议》的基础之上精诚合作，于各自力所能及之范围内采取进一步措施，才能强化毒品犯罪侦查协作。我们认为，立足于当前制度和实践，两岸可在合作博弈理

---

① 张远煌、刘为军：《海峡两岸毒品犯罪侦查协作机制研究》，《法治研究》2011 年第 2 期。

② 或许我们可以认为，充分、发自内心且真诚的信任是使回报得到保障的充分条件。但是，制度设置的目的是保障某些规则不因被规制者的个人喜好而得到遵守。

论指引下，遵循以下路径，完善彼此之间的侦查协作。

（一）两岸形成默契，“内化”毒品犯罪侦查协作规范

两岸之间还没有达成直接的具有强制约束力的毒品犯罪侦查协作协议，以海协会与海基会唱主角的合作模式，其实效性有限。但是，两岸短期内恐难打开正式政治对话通道（即便打开，侦查协作问题恐也非优先讨论事项），两岸执法当局直接订立相关协议的可能性不大。两岸同为一国，在“一个中国”框架下，也不可能通过拓展国际合作路径来开展深度合作。大陆与香港、澳门警务合作顺畅，其法源在于《中华人民共和国香港特别行政区基本法》第 95 条和《中华人民共和国澳门特别行政区基本法》第 93 条规定了大陆与港澳的司法协助，但这种模式显然短期内难以为台湾地区所接受。

然而对毒品犯罪实施有效打击迫在眉睫。海峡两岸必须以智慧扫除缺乏具有约束力的协作规范的障碍，如果两岸能够将内容相近的侦查协作程序、义务等内容内化至两岸各自相应法律法规之中，使其对本地执法者产生法律约束力，则不失为间接达成“强制性契约”的好办法。

毒品犯罪尤其是运输、贩卖类犯罪，往往牵扯多个司法辖区。海峡两岸的侦查协作模式，可以从各自内部不同司法辖区执法机关之间的协作方式中寻找对照样本。

中国大陆《公安机关办理刑事案件程序规定》第 12 条明确规定，“公安机关办理刑事案件，各地区、各部门之间应当加强协作和配合，依法履行协查、协办职责。上级公安机关应当加强监督、协调和指导”。该规定第 11 章还规定了“办案协

作”，并设定了办案协作的基本程序和基本内容。公安部禁毒局 2002 年颁布的《毒品案件侦查协作规定》，规范了大陆各地毒品案件侦查协作的管辖、立案、移交等方面问题。该规定第 9 条规定，侦办跨国、跨境的毒品案件，需与国外、境外警方开展侦查合作的，须呈报公安部主管部门批准或备案，必要时由公安部禁毒局直接组织协调。《禁毒法》第 54—56 条也对禁毒的国际合作和司法互助作出了原则性规定。

台湾地区《警察侦查犯罪规范》下设“联系配合”一节，规定了各级警察机关之间的联系配合方法，如何托请其他警察机关代为采取调查证据、查询犯罪嫌疑人等侦查措施。《毒品危害防制条例》于第 32 条之 1、2 亦规定，侦办跨国性毒品犯罪，检察官或刑事诉讼法第 229 条之司法警察官，得由其检察长或其最上级机关首长向检察署提出侦查计划书，并检附相关文件资料，经检察署检察总长核后，可核发侦查指挥书，由入、出境管制相关机关许可毒品及人员入、出境。毒品、人员及其相关人、货之入、出境之协调管制作业办法，由行政当局定之。

比较而言，海峡两岸执法机关在内部协作方面虽然存在许多差异，但各自拟定的协作原则大致相同。换言之，双方各自内部协作规范大致相当，可以为内部规范的“外溢”及“对接”提供便利。至于与对岸的协作方面，台湾地区鲜见相关规定，而中国大陆立法虽有针对“境外”之规定，但亦较为模糊，缺乏更进一步的操作规程，但也正是两岸对彼此间侦查协作问题的规范空白，可以为两岸达成默契，在各自立法或规范中规定大致相同之内容提供可能。

我们认为，两岸最高侦查（禁毒）当局应当尽快开展合作研究，探讨双方跨境合作的基本模式，并在各自法律框架下，推动各自立法机关确立内容大致相当的跨境侦查（协作）协作条款乃至专门的立法性文件。基于海峡两岸关系的特殊性，也可以考虑确立专门的与对岸侦查协作或禁毒协作条款。不论何种立法模式，均是将双方研讨之政治现状下最佳合作模式内化为各方自身法律文件，为各方确立具有强制性的协作条款，使双方合作博弈具备关键性保障。

（二）建立以执法收益分成为主要内容的共同利益格局

虽然打击毒品犯罪对各方而言均为有利，但是执法需要成本，要求各地执法机关无条件配合异地执法机关，作为一种执法理念加以宣传无可厚非，但在执法实践中不具期待可能性，目前中国大陆所确立的全国公安机关“无条件提供协作”的模式在实践中遭遇地方保护等诸多掣肘即为明证。要使协作落到实处，必须建立各地执法机关之间的共同利益格局，形成大致对等的利益均衡机制。

共同利益的获得有多种途径：对于海峡两岸一些毒品犯罪关联度较高的地区，相互执法协作需求都比较频繁，相互提供协作以确保今后能获得对方协作的愿望比较强烈，共同利益在现实面前清晰呈现；有一些区域，最高执法当局从政治高度重视其与对岸的协作，其共同利益即便不清晰，但基于政治衡量（或者说，政治利益即这些地区之间的共同利益），即便具体执法机关并不情愿，但亦能保证协作基本顺畅；而在其他地区之间，其共同利益往往需要通过其他方式来建立或者明确，而执法收益分成是比较好的一项利益均衡措施，它能够对提供协作方提供一定的执法成本补偿，即便对于已经有比较清晰共同利益的执法机关，这一措施也能形成更好的激励效果。

中国大陆的《毒品案件侦查协作规定》第 14 条规定，“在毒品案件侦查协作中查扣的毒资和涉毒财产，协作双方应该共同清点，并交由立案单位随案处理。办案单位取得罚没退还后，必须按比例与协作方分享。办理过程应严格实行收支两条线的原则”。该规定第 15 条进一步明确了不同执法协作的执法收益分成比例。这一规定是中国大陆考虑现实执法环境建立的一种事后利益分享机制。理论上，办案罚没财物和款项应上交国库，但各地为鼓励执法机关办案积极性，会采用将执法收益按照一定比例返还办案机关的措施。① 显然，《毒品案件侦查协作规定》认为，执法收益的取得一定程度上应归功于协作方的努力，因此协作方也应取得部分收益。不过，在与境外分享执法收益方面，中国大陆“偏向于强调境外赃款的全额追回，对提供协助的国家尚未建立起较为完善的合理费用的补偿和犯罪所得分享机制”。②

执法收益分成在国际上也得到了一定认可。由于分享收缴的赃款、赃物等资产能够鼓励各国积极参与有关的国际司法合作，正逐步被国际司法界接受，如美国、加拿大、欧盟国家、日本、新加坡等，普遍采取分享资产方式处理赃款。

---

① 这一规定的制度背景是全国禁毒工作领导小组、财政部《关于缉毒罚没收入列为禁毒专款的通知》（禁毒通字［1991］10 号）。这种做法虽然具有一定的现实意义，但从长远来讲，是否恰当，值得研究。近些年来，虽然实行了所谓的“收支两条线”，但将罚没款变相返还办案部门的做法仍不鲜见。

② 赵阳：《专家建议提高别国分成以加强外逃贪官赃款追缴》，《法制日报》2012 年 12 月 6 日。

在两岸侦查协作方面，我们应当放弃绝对无偿、纯粹义务性的协作原则，而是要建立起以利益补偿和调配为重要内容的协作激励机制。

在尚无有关各地相互协作支出的统计资料的前提下，我们认为，有必要采取以下措施来解决被请求方利益受损时的补偿问题：

一是通过协商，为两岸建立执法收益分成比例。为了便于操作，用于分成的执法收益可以限定为赃款、赃物等易于计算和分配的利益。

二是两岸各自为本地执法机关建立侦查协作专项经费。由于提供侦查协作产生的经费可以从中得到支付，因而也有助于避免或减少侦查协作占用本地警务资源。这一点，对于经济条件相对落后、警务资源相对不足或者地方性警务超负荷运转的地区来说，尤显可贵。

三是完善两岸各自的破案统计制度，实施侦查协作双向激励，将破案效果同步转化为协作方的侦查利益。绩效考核是影响执法机关和执法人员工作的重要指标，现有破案统计主要是“单向统计”，对协作破案的成果分配欠缺公平，影响了执法机关参与侦查协作的积极性。因而对于因侦查协作而得以侦破的案件，应当建立“双向统计”制度。诚然，因为协作与独立破案毕竟有所不同，如何换算，应制定一定的比例标准。再比如在破案奖励方面，可以考虑实行双向奖励，对于请求方因破案而受到奖励的，协作方也应得到一定奖励。

（三）将包括毒品犯罪案件在内的普通刑事案件去政治化，确立两岸具体执法部门直接对话通道，推动若干警务合作区建设

目前规范所确立的侦查协作模式，由于需要由双方红十字会或海基会、海协会之间中转，所经历环节多，成本自然水涨船高，信息流转耗时，合作效率可想而知。由于请求方和被请求方处于多个中转环节的两端，如被请求方怠于提供协作，请求方甚至难以知悉真实原因。①

值得一提的是，《海峡两岸共同打击犯罪及司法互助协议》明文规定，双方同意业务主管部门人员之间开展工作会晤、人员互访和培训合作，允许在必要时，经双方同意，可以指定其他单位直接联系。这种规定实际上是打开了双方执法机关直接对话、直接合作办理刑事案件的规范通道。客观而言，最有效率的侦查协作模式应当是一种程序最简便的模式，即有协作需求的执法机关与可满足协作需求的执法机关直接联系。该协议签署前，台湾地区有关当局曾尝试与中国大陆部分地方（如厦门、漳州）禁毒、边防部门构建地区性缉毒合作机制。此外，台湾警方与大陆警方也已有相当的交流。除了台湾地区刑事侦防协会与中国警察协会开展的合作外，两岸关于嫌疑人或罪犯的遣返，已经可以直接在两岸警方认可下，直接以机场对机场方式遣返。但是，以上仅仅是小范围的合作，在并未能将成功经验扩展至两岸全境地方执法机关的全方位合作，除了遣返嫌

---

① 张远煌、刘为军：《海峡两岸毒品犯罪侦查协作机制研究》，《法治研究》2011 年第 2 期。

疑人或罪犯外，牵涉两岸嫌疑人或被告人回本地接受起诉或审判、刑事证据调查的互助、刑事司法文书的认证、情报信息交换等问题，也未能加以透明化处理。

造成两岸执法机关之间直接对话困境的仍是欠缺政治对话渠道之缘故。然而，诸如毒品犯罪等普通刑事案件与间谍、颠覆政权等案件有着根本不同，即便在意识形态差别很大甚至处于敌对状态的国家和地区之间也可以实现协作，更遑论海峡两岸经济加速融合之时。因此，两岸应当有意识地把毒品犯罪等普通刑事案件去政治化，尽早实现合作的常态化和稳定化。

在现阶段，可以该协议所提供的直接协助内容为框架，参照中国大陆《毒品案件侦查协作规定》关于跨境协作主管部门之规定，确立公安部禁毒局与台湾地区相应部门之间的直接对话。[①] 虽然台湾地区侦查程序的主导机关是检察官，但是两岸直接对话部门仍应以警察部门之间进行为宜，因为不论在哪个国家和地区，无论检察官是否主导侦查，警察机关都是绝大多数刑事案件侦查的实际承担者。直接对话通道的建立，可以使双方协作指令的传递以及在内部的下达和信息反馈更加顺畅。

我们认为，一旦建立了两岸执法机关的直接对话环境，那么在适当时机，或许可以利用中国大陆强势推进区域警务合作之机，鼓励台湾地区与中国大陆打破行政区划的偏见，促成台湾与若干毗邻省份（如福建、广东、广西、海南等）建立警务

---

① 张远煌、刘为军：《海峡两岸毒品犯罪侦查协作机制研究》，《法治研究》2011 年第 2 期。

合作区。中国大陆自 2010 年以来，已经在整个大陆范围内建成七大警务合作区，使传统以个案合作为主的警务合作模式基本转变为覆盖整个大陆地区、辐射全警、联动有关部门的警务合作格局，并且已经带来了显著的执法效益。虽然部分合作区存在大城市中心现象，但客观存在的共同利益或共同需求是合作的先导，各警务合作区的合作框架协议是各地公安机关在自愿、平等、互利的基础上拟定的，因此各地公安机关继续深化合作的意愿较高。中国大陆警务合作区建设的成功经验，或许可以移植到台湾地区与大陆毗邻省份的侦查协作上来，签署符合各地意愿的合作协议，建成新的警务合作区，实现特定类型案件情报信息交流、异地执行强制措施、嫌疑人或罪犯缉捕与遣返等领域的密切合作。

除了较大的警务合作区建设外，基于一些特别的原因，在两岸行政级别较低、地域上也未必毗邻的一些地区之间可能也会形成密集的合作需求，例如所谓的犯罪输出地和犯罪输入地之间。这些地区之间尚不足以达到建立多省区域警务合作的程度，但是其合作需求的确存在，对于这种情况，应当由两岸各地根据自己的犯罪学统计，梳理出跨区域警务合作需求，然后主动与被请求方公安机关联系，建立相对稳定的合作关系。在一些地区，作案人呈现区域化特征，如某类犯罪作案人大多来源于同一地区，对于这类情况，警务合作也完全可以采取“点”对“点”的模式，两地具体进行谈判，探讨新的合作模式。

综上，根据博弈论，解决两岸毒品犯罪侦查协作问题的根本出路在于明确双方的共同利益、达成“强制性契约”和实现执法机关的直接对话。诚然，较为宏观的政策或制度指引，仍需更为具体的措施和机制来加以落实。当前，除了上述领域外，还需建设两岸毒品情报的直接交流平台，通过组建联合专案队伍侦破大要案以强化个案合作，两地联合实施标准化缉毒执法培训，搭建缉毒警务经验交流渠道等，以期推动两岸毒品犯罪侦查协作走向深入。[①] 总之，只要两岸最高当局有决心和魄力，展现足够诚意，两岸并不缺乏解决协作问题的办法。

① 张远煌、刘为军：《海峡两岸毒品犯罪侦查协作机制研究》，《法治研究》2011 年第 2 期。

附 录 二

不同层面的代表性区域警务合作协议*

一、XX 区域警务合作机制框架协议（大区警务合作协议）

随着社会经济一体化的快速发展，形势和任务对公安工作不断提出新的更高要求。为迅速贯彻落实领导指示精神，进一步加强区域间警务合作，维护稳定，确保地区安全，经……公安机关共同研究决定，建立……区域警务合作机制。为此，特制订本协议。

（一）合作宗旨

在公安部和当地党委政府的领导下，以全国公安机关社会管理创新工作会议精神为指导，以信息化建设为支撑，按照

---

* 附录二各协议来源于各省市之间的区域警务合作协议，本书收录时做了部分技术性修改。

“密切配合、通力合作、资源共享、优势互补”的原则，在广范围、多领域建立常态化警务合作机制，进一步整合警务资源，提升整体作战能力，最终实现……区域警务一体化和多边合作共赢的目标，为服务经济社会发展，确保地区的安全稳定发挥更大的作用。

（二）组织体系

成立XX区域警务合作领导小组，各省区市公安厅（局）长为领导小组成员。在省级公安厅（局）指挥中心设立领导小组办公室，负责处理领导小组的日常事务，互相联系沟通，由各省区市轮值组织召开区域警务合作例会。

XX区域警务合作机制成员单位包括：省级公安机关指挥（情报信息）中心（办公室）、国保、反恐、刑侦、治安、巡警、交管、科技、信通、网安等专业职能部门，以及各省区市下辖的市（区、盟、地、县）级公安机关。以上单位负责在XX区域警务合作机制框架内，研究建立警种之间、地区之间对口合作机制，制定具体实施细则。

（三）合作内容

1. 警务指挥联勤联动机制

全国性重大安保活动期间，根据公安部统一部署，由主责地区公安机关牵头，其他省、市、自治区派员参加，成立安保联勤指挥部，实行联合办公、共同会商研判，统筹协调解决相关问题，统一指挥各地公安机关协同行动。遇有重大紧急突发案（事）件时，由案（事）发地公安机关省级指挥中心召集，相关省区市通过视频系统召开紧急情况会商会，成立临时指挥部，统一指挥，集中调警，实施跨区域、多警种合成作战。日常情况下，区域警务合作领导小组通过视频等方式定期召开例会，通报需要协商解决的问题，共同研究工作对策，联合发布行动命令。各级指挥中心可根据工作需要不定期组织召开会议，互通情况，协调指挥开展工作。

2. 情报信息联网共享机制

建立 XX 区域警务合作网，依托网络搭建预警平台、信息平台、研判平台，形成信息共享、情况互通、工作互补。预警性信息随时通报。各省区市公安机关在工作中发现不稳定事件重要苗头、群体性事件预警信息、发生影响地区稳定的重大案（事）件以及采取的重要措施，要及时通报其他涉及的省区市，协调共同开展工作。警务信息资源共享。各省区市公安机关要积极推动本地公安信息系统整合，依托区域警务合作网，实现信息互相开放，提供异地查询，促进合作区域内“常住人口、流动人口、各类重点人、网上逃犯、旅店业、从业人员”等警务信息的共享和交换。情报研判会商。各省区市公安机关情报部门要建立行之有效的情报信息交流处置办法，定期互通情况，组织专业人员对各类情报信息进行会商研判和危害评估，及时发布区域性预警信息，为相关省区市提前部署防范控制工作提供依据。

3. 警种地区联合作战机制

从警种和地区两个层面，分阶段推进部门、地区合作机制的建立和完善，形成打击、防范、管理的整体作战合力。加强警种间对口合作。在 XX 区域警务合作机制框架协议下，各省区市公安机关的指挥、情报、维稳、反恐、刑侦、治安、交管、信通等职能部门，要在总结前期合作成功经验的基础上，进一步细化合作内容和方式，提升在联勤指挥、情报会商、反恐防暴、治安管理、道路交通组织等方面的联合作战能力。加强地区间对等合作。各省区市下辖的市（区、盟、地、县）公安机关以及所属基层单位要通力协作、相互支持，经常保持联络沟通，对于一般性跨省间信息核查、犯罪嫌疑人抓捕、重点人稳控等工作，按照合作规定和对等原则给予积极配合。实现区域警务一体化。在警种、地区警务合作逐渐成熟完善的基础上，实现各省区市公安机关打、防、管、控等各项警务工作的全面对接。

4. 警务资源联建共用机制

搭建统一的通信网络平台。各省区市公安机关应加快通信、网络技术系统建设，为建立便捷、高效的合作机制提供通信、网络平台技术支撑。建设优势警务资源库。联合建立优势警务资源库，各地将本省区市的案件侦察、事故处理、科研技术等专家人才，消防救援、反恐防暴等资源逐步进行登记录入。各地根据工作需要，申请支援协助，实现优势互补、共享共用，以发挥区域警务资源最大效能。加强科技合作。围绕区域内共同技术难题和重大理论课题，组织优势力量开展联合攻关，积极研发和推广贴近实战的应用技术，探索建立科技成果推广应用新机制。毗邻地区协作配合。……毗邻地区公安机关加强信息互通和警种间协作配合，遇有重特大案件和群体性事件，立即启动地区联勤机制，协同作战，形成处置合力。

5. 合作运转联络沟通机制

日常交流互访。通过组织学习、参观、考察，举行座谈会、研讨会以及文件往来等形式，广泛开展多层次、多渠道的沟通交流活动，通报情况，介绍经验，相互借鉴启发，不断提高合作水平。组织实战演练。定期组织各省区市联合对抗性实战演练，强化跨地区合作能力，确保遇有重大突发事件，闻警即动、快速反应，缩短平战转换时间，赢得主动权。定期年会交流。紧扣维护安全稳定和区域合作主题，每年定期组织召开各省区市公安机关联席座谈会，研究问题，交流工作，共商创建平安边界、维护社会稳定的对策措施，推动区域警务合作持续发展。搭建人才对口交流协作平台。根据各省区市区域警务合作领导小组的部署和专业职能部门的工作要求，由政工部门沟通协商，定期组织各省区市省级指挥、国保、反恐、刑侦、治安、交管、科技等主要业务部门人才交流、学习、培训，共同提高警务工作水平。周边邻近区县干部到其他省区市对口合作岗位进行挂职交流，实地了解不同地区工作情况，提升基层领导干部的协作能力，为进一步加强合作打下坚实基础。

（四）合作要求

1. 切实加强组织领导。要把深化“各省区市区域警务合作机制”作为领导责任制的重要内容和“一把手”工程，切实加强组织协调，层层分解任务、落实责任，严格检查考核。对可能影响首都和各毗邻地区稳定的重大事件和问题，属地公安机关主要领导要亲自过问、亲自协调、亲自督促解决。

2. 充分发挥职能作用。各省区市公安机关要充分发挥在维护社会治安和稳定中的主力军作用，积极履行职责，主动开展工作，加大组织协调和检查指导力度，推动各项工作落实，切实形成“联防、联治、联控、联管、联打”，齐抓共管，共保平安的良好局面。

3. 磨合完善保障运行。各省区市公安机关要明确日常联络机构和负责人，制订细化相关工作意见和实施方案，确定工作运行模式。同时，通过实战磨合完善，不断总结经验，更新理念，创新思路，找准各项工作最佳结合点，共同促进，协同发展。

二、非毗邻区区域警务合作协议（点对点合作协议）

A 省与 B 省警务协作机制

为深入贯彻落实全国公安机关社会管理创新工作座谈会议精神，积极适应大范围警务合作发展的客观要求，推动 AB 两省公安工作整合资源，开展全方位、多形式、深层次的协作，携手构建优势互补、合作共赢的工作格局，并肩促进两省公安工作新的发展进步，经两省公安厅协商，联手建立 AB 两省警务协作机制。

（一）协作原则

1. 依法原则。在案件受理、管辖、定性、立案、取证、抓捕、追赃等方面的协作严格依照法律、法规和有关政策进行。

2. 及时原则。按照需求方的合理要求，在最短的时间内，以最快的速度予以全力配合。

3. 无偿原则。协作不附带任何功利性质的条件，作为分内的任务无条件完成。

4. 高效原则。通过信息共享，警务互助，实现快速反应、准确打击、有效防范，构建互动共赢的新格局。

5. 互惠原则。在平等协商的基础上，双方互相给予对方工作上的便利与支持。

（二）协作内容

1. 情报信息互通共享。通过建立两省情报信息传递交换机制，对包括常住人口、流动人口、刑侦基础数据、协查通报、网上逃犯、跨区域案件等信息实现资源共享，有效提升情报信息综合利用率。

2. 跨省犯罪互查共破。对发生的涉及两省的严重暴力犯罪、涉众型经济犯罪、毒品犯罪、网络犯罪、组织偷渡犯罪等各类违法犯罪活动，由案件主侦单位牵头，两省密切配合，共同打击，有效提高跨区域案件的侦查破案效能。

3. 重点人员互监共控。对两省国保重点人、治安重点人、刑事重点人、涉恐重点人等，共同做好动态监控和查缉堵控，有效提升重点人员动态管控能力。

4. 警务交流互通共建。加强两省之间的警务交流与沟通，推进两省警务人员的来往与合作，学习交流各自优势业务项目，共同分享两省社会管理创新成果，相互借鉴对方预防和打击犯罪成功经验。

5. 两省交往互帮共促。对在两省投资的对方籍人员，在安全服务方面给予适当倾斜。在两省旅游、居住、求学、工作的对方籍人员受到不法侵害时，当地公安机关及时依法给予帮助，尽力挽回损失。共同促进两省间经贸、人员的往来与交流。

（三）协作方式

1. 省厅级实行协作联席会议制度。联席会议根据双方实际需要不定期召开，会议主要内容是总结协作工作情况，研究解决区域协作中的重大问题。

2. 省级警种实行对口协作制度。按照对口对等、共同协商的原则，制定警种之间的协作机制，开展警务协作配合。省级警种之间进行定期交流学习，相互借鉴好的经验做法。

3. 市地级公安机关实行对等协作制度。对于一般性跨两省的信息核查、犯罪嫌疑人抓捕、重点人稳控等工作，申请地公安机关可直接向协助地公安机关提出申请，各市地公安机关按照对等原则给予积极配合和帮助。

4. A 省公安厅在 B 省 C 市设立警务联络站。

三、区域警务合作协议框架下的侦查协作协议

某警务合作区打击刑事犯罪合作机制

根据《XX 警务合作联席会章程》和《XX 警务合作框架》，结合实际需要建立本机制。

（一）合作事项

1. 刑侦信息资源及研判信息共享；

2. 跨区域案件分析、串并及证据搜集，联合打击流窜犯罪；

3. 重大刑事案件区域封控和人员排查；

4. 共建刑侦专家库，开展重大疑难案件联合会诊研判；

5. 侦破大要案件合作；

6. 涉案人员异地抓捕和看押；

7. 刑事技术支持。

（二）合作启动条件

1. 成员单位提出情报信息和研判成果共享需求的；

2. 跨区域流窜犯罪案件需要成员单位联合侦办或者提供案件串并、搜集犯罪证据等协助的；

3. 因重大刑事案件侦查或缉捕重大犯罪嫌疑人的紧急工作需要，向成员单位提出对相关区域进行封控和人员排查的协作请求的；

4. 刑事案件在定性、搜集证据、缉捕犯罪嫌疑人等方面存在相当困难，或者手段诡异、采用高科技方法作案，以及采取强制措施或侦查手段存在重大争议等情形，办案地申请刑侦专家库人员联合会诊研判的；

5. 协作区内发生大要案件，需要成员单位协助缉捕犯罪嫌疑人、查证犯罪事实、布控涉案物品，或者根据案情及案件现场复杂程度，需要各成员汇集技术和专家智力资源提供支持的；

6. 协作区成员单位异地抓捕涉案人员或者看押犯罪嫌疑人需要配合的；

7. 有疑难案件及有广泛社会影响的案件发生，需要其他成员单位提供技术支持，或者异地勘查、检验鉴定时，需要其他成员单位提供支持配合的。

（三）合作响应程序和具体措施

1. 合作请求的提出

对需要进行合作的事项，由合作提请方的牵头部门填写《警务合作审批表》（合作提请方），报经分管厅（局）长审批同意后，由本单位警务合作办公室登记备案并传真至合作提供方。

2. 合作请求的接收

合作提供方的警务合作办公室在接收合作请求，经登记备案并填写《警务合作审批表》（合作提供方）后，按照合作事项的紧急程度及相应时限要求，报送分管厅（局）长审批，并根据分管厅（局）长审批意见确定办理合作事项的牵头和参与部门，指导、督促进展情况。

3. 请求事项的办理

办理合作事项的牵头部门要及时对接合作提请方的牵头部门，按照国家相关政策、法律和本区域警务合作的基本原则与宗旨，商议具体措施和办法，确定专人落实，确保合作目标的实现。

（1）刑侦信息资源及研判信息共享

一是协助合作提请方开展案件分析研判；二是开放本地区刑事案件信息系统和研判平台，供其他成员进行查询、分析；三是及时通报警情，每日将本地区新发案件类型及新型作案手法挂网共享；四是互换信息资源，在公平互利的原则下，采取信息资源分类的方法，通过协商的方式，互换并整合同类别的信息资源。

（2）跨区域案件分析、串并及证据搜集，联合打击流窜犯罪

一是按照合作发起方的分析研判要求，搜集同类手法案件信息，主动采取串并案措施，并将工作进展情况及时通知办案地，共享研判成果。二是发现与协查线索关联的其他线索，应当进一步调查核实，涉及本地案件的，应当根据案件管辖的有关规定，与合作发起方相互协商，确定管辖权并移交、转递案件线索和相关材料。三是抓捕实施流窜犯罪的嫌疑人员。四是协助调查取证，搜集、固定相关证据，及时传递案件证据材料。五是锁控涉案赃物。

（3）重大刑事案件区域封控和人员排查

一是对案件现场或犯罪嫌疑人躲藏的区域、逃跑方向进行分析，及时部署相关警种、部门实施区域封控和人员排查工作；二是提供拟封控区域的社会环境、地理环境等情况，为科学采取封控措施提供依据；三是核查被排查人员及社会关系的基本情况。

（4）共建刑侦专家库，重大疑难案件联合会诊研判

成立区域合作刑侦专家委员会，通过聚合各行业、各领域、多学科优秀技术专家学者，共建刑侦专家信息资源库，充

分调动和整合合作成员单位的专家智慧力量，增强破获刑事案件、打击违法犯罪的能力。一是对定性困难的案件认真研究，力争准确定性；二是整合案件信息资源，对案件调查取证方式方法、证据标准等提供法律建议；三是对缉捕犯罪嫌疑人的侦查技巧、采取强制措施等提出建议。

（5）侦破大要案件合作

一是及时根据犯罪嫌疑人特征及逃离方向等重要情况，组织警力开展缉捕工作；二是按照合作要求，及时核查嫌疑人身份，开展调查走访，搜集、固定相关证据材料并及时传递；三是严密控制销赃渠道，追缴赃物，搜集涉案物品线索；四是利用网监、技侦等手段有针对性地开展情报信息研判，及时共享研判成果；五是根据案情需要，迅速汇集心理、爆破、消防、刑事技术等领域的专家和装备，开展案件会诊，解决专业技术性难题；六是加强串并案，确定重点侦查范围，必要时可请求轮值单位协调组织并案侦查。

（6）涉案人员异地抓捕和看押

一是协作地接到通报后，应立即落实缉捕措施；二是办案地公安机关应及时提供相关法律手续，协作单位应积极协助抓捕和羁押；三是及时传递案件和人员材料。

（7）刑事技术支持

一是对合作提请方提出的专家领域、人数需求要及时回应，并积极安排落实；二是及时告知异地勘查、检验鉴定结论或意见。

（8）为合作提请方提供人、财、物等多方面的其他合作便利

4. 办理结果的反馈

合作事项办结后，合作提供方的牵头部门要及时填写《警务合作反馈表》，报经分管厅（局）长审批。由本单位警务合作办公室登记备案并传真至合作提请方。

四、工作保障

（一）组织领导

各成员单位的刑侦部门为本机制的牵头部门，其他相关部门参与，在厅（局）党委的直接领导和本单位地区警务合作办公室的协调配合下，具体牵头实施各警务合作事项。

（二）协调联络

各成员单位警务合作事项的牵头部门要确定专人负责协调联络工作，确保通信畅通，全程跟进合作事项的办理。

（三）工作经费

办理打击刑事犯罪合作事项的相关经费由合作提供方负责解决。

附 录 三

涉及区域警务合作的部分规范

一、《公安机关办理刑事案件程序规定》（节选）

第十一章　办案协作

第三百三十五条 对异地公安机关提出协助调查、执行强制措施等协作请求，只要法律手续完备，协作地公安机关就应当及时无条件予以配合，不得收取任何形式的费用。

第三百三十六条 县级以上公安机关办理刑事案件需要异地公安机关协作的，应当制作办案协作函件。负责协作的县级以上公安机关接到异地公安机关请求协作的函件后，应当指定主管业务部门办理。

第三百三十七条 对获取的犯罪线索，不属于自己管辖的，应当及时移交有管辖权的公安机关或者其他有关部门。

第三百三十八条 异地执行传唤、拘传，执行人员应当持传唤证、拘传证、办案协作函件和工作证件，与协作地县级以上公安机关联系，协作地公安机关应当协助将犯罪嫌疑人传唤、拘传到本市、县内的指定地点或者到犯罪嫌疑人的住处进行讯问。

第三百三十九条 异地执行拘留、逮捕的，执行人员应当持拘留证、逮捕证、办案协作函件和工作证件，与协作地县级以上公安机关联系，协作地公安机关应当派员协助执行。

第三百四十条 委托异地公安机关代为执行拘留、逮捕的，应当将拘留证、逮捕证、办案协作函件送达协作地公安机关。

已被决定拘留、逮捕的犯罪嫌疑人在逃的，可以通过网上工作平台发布犯罪嫌疑人相关信息、拘留证或者逮捕证。各地公安机关发现网上逃犯的，应当立即组织抓捕。

协作地公安机关抓获犯罪嫌疑人后，应当立即通知委托地公安机关。委托地公安机关应当立即携带法律文书及时提解，提解的侦查人员不得少于二人。

第三百四十一条 异地公安机关请求协查犯罪嫌疑人的身份、年龄、违法犯罪经历等情况的，协查地公安机关接到通知后应当在七日以内将协查结果通知请求协查的公安机关；交通十分不便的边远地区，应当在十五日以内将协查结果通知请求协查的公安机关。

异地公安机关请求协助调查取证或者查询犯罪信息、资料的，协作地公安机关应当及时协查并反馈。

第三百四十二条 需要异地办理查询、查封、扣押或者冻结与犯罪有关的财物、文件的，执行人员应当持相关的法律文书、办案协作函件和工作证件，与协作地县级以上公安机关联系，协作地公安机关应当协助执行。在紧急情况下，可以将办案协作函件和相关的法律文书电传至协作地县级以上公安机关，协作地公安机关应当及时采取措施。委托地公安机关应当立即派员前往协作地办理。

第三百四十三条 对不履行办案协作职责造成严重后果的，对直接负责的主管人员和其他直接责任人员，应当给予行政处分；构成犯罪的，依法追究刑事责任。

第三百四十四条 协作地公安机关依照请求协作的公安机关的要求，履行办案协作职责所产生的法律责任，由请求协作的公安机关承担。

二、《毒品犯罪侦查协作规定》

第一章 总则

第一条 为加强和规范公安机关毒品案件侦查协作，根据《中华人民共和国刑事诉讼法》、《公安机关办理刑事案件程序规定》和全国禁毒工作领导小组、中华人民共和国财政部《关于缉毒罚没收入列为禁毒专款的通知》（禁毒通字［1991］10号）等有关法规精神，并结合近年来侦办毒品案件的情况，制定本规定。

第二条 毒品犯罪具有隐蔽性、有组织性和跨地域性等规律特点，各地公安机关在侦办毒品案件时必须树立全国一盘棋的协作意识，切实提高侦办毒品案件的水平和质量，有力打击毒品犯罪。

第三条 毒品案件的侦查协作原则上由公安机关禁毒部门负责。省级公安机关禁毒部门的负责人为协作责任人。

第四条 毒品案件侦查协作必须坚持依法、及时、无偿的原则。严禁以任何形式推托、阻挠或拖协作追缴毒资或毒贩财产、联合侦查和案件移交等与办理案件有关的内容。

第五条 毒品案件侦查协作包括提供线索情报、提供信息资料、协助采取强制措施、协助追缴毒资或毒贩财产、联合侦查和案件移交等与办理案件有关的内容。

第二章 协作程序

第六条 各地公安机关发现异地毒品犯罪线索的，必须及时向异地公安机关通报，重要情报线索同时报告上一级公安机关。异地公安机关必须将调查结果及时反馈给提供线索的公安机关。

第七条 向异地公安机关请求协助查询和提供相关毒品犯罪信息或资料的，应当通报简要案情和发出请求协作函；向异地公安机关请求协助采取强制措施、扣押或者追缴与毒品犯罪活动有关的财物、证据的，应当通报案情和发出请求协作函，以及提供完备的法律文书并承担相应的法律责任。

第八条 对协查请求，协作地公安机关必须认真查办并及时反馈；对需要采取行动的协作请求，协作地公安机关应当认真检查相关的法律文书，并组织力量采取行动，有关结果及时通报请求协作方。

第九条 侦办跨国、跨境的毒品案件（不含没有护照的邻国边民制贩毒品案件），需与国外、境外警方开展侦查合作的，须呈报公安部主管部门批准或备案，必要时，由公安部禁毒局直接组织协调。

第十条 跨省（自治区、直辖市，下同）侦办毒品案件，必须先报本省省级公安机关禁毒部门同意，并由本省省级公安机关禁毒部门向协作地省级公安机关禁毒部门通报案情、交流意见，同时报公安部禁毒局备案。

第十一条 在协作过程中抓获的犯罪嫌疑人、查扣的毒资及财产，由立案单位随案处理，协作方不得擅自截留、变更强制措施或重复扣押、冻结有关财产。立案单位撤销案件的，必须及时解除相关的法律手续并书面通报协作方。

第三章 管辖和移交

第十二条 在侦查协作过程中，协作方发现己方对案件也有管辖权的，一般情况下不重复立案，由先立案的公安机关继续负责侦查，特殊情况经协商或共同的上级机关指定，可以移交案件。

第十三条 协作双方都有管辖权的案件，原立案方为保护特情或线索来源，请求向协作方移交案件的，协作方应予接受；在协作地发现复杂的贩毒网络或仍在加工生产的制毒窝点，为了更加有效地打击和处理更深层次的毒犯，协作方请求移交案件的，原立案方应予接受。

第四章 毒资和涉毒财产的罚没返还分享

第十四条 在毒品案件侦查协作中查扣的毒资和涉毒财产，协作双方应该共同清点，并交由立案单位随案处理。办案单位取得罚没返还后，必须按比例与协作方分享。办理过程应严格实行收支两条线的原则。

第十五条 需异地公安机关参与侦查和经营，双方成立联合专案组共同侦破的毒品案件所追缴的毒资财产，办案单位依照有关的法律和规定取得罚没返还后按40%的比例由协作方分享；在异地公安机关协助下侦破的毒品案件追缴的毒资财产，办案单位依照有关法律和规定取得罚没返还后按30%的比例由协作方分享；请异地公安机关协助查封、冻结追缴毒资财产的，办案单位依照有关法律和规定取得罚没返还后按10%的比例由协作方分享；根据异地公安机关提供的情报线索立案并采取行动破获的毒品案件，对缴获的毒资财产依照有关法律和规定取得罚没返还后按20%的比例由提供线索方分享。

第五章　争议处理

第十六条 毒品案件侦查协作双方对案件归属、定性、强制措施等产生争议，需要上级公安机关协调时，上级公安机关的禁毒部门应该积极协调并做出处理决定。上级公安机关的决定，有关部门必须认真执行。

第十七条 在争议协商处理期间，协作地公安机关不得拒绝和停止协作。上级公安机关认为继续执行协作有可能造成严重后果的，可以做出停止协作的决定。

第六章　责任追究

第十八条 对协作办案中不通报情况、不协助调查或不配合工作，贻误战机造成重大损失的，要追究直接责任者和有关领导的责任。

第十九条 对协作不力的公安禁毒部门，上级公安机关可以通报批评、责令整改。

第二十条 对未办理协作手续，擅自到异地办理毒品案件的，上级公安机关和异地公安机关都有权予以制和纠正。

第二十一条 对在协作过程中玩忽职守、滥用职权、泄露秘密、徇私枉法等构成犯罪的，依法追究刑事责任。

第七章 附则

第二十二条 对毒品案件协作工作成效突出的单位和个人，上级公安机关给予表彰和奖励。

第二十三条 本规定未详尽的办案协作事宜，各地公安禁毒部门必须按《中华人民共和国刑事诉讼法》、《公安机关办理刑事案件程序规定》和本规定总则的原则要求通力协作，并由共同的上级公安机关协调指导。

第二十四条 易制毒化学品案件的侦查协作参照本规定执行。

第二十五条 本规定由公安部禁毒局负责解释。

第二十六条 本规定自发布之日起施行。《关于毒品案件侦查协作有关问题的通知》（公刑［1997］589 号）同时废止。

三、《公安部关于实行“破案追逃”新机制的通知》（节选）

“破案追逃”新机制应包括以下主要内容：

二、实行“犯罪嫌疑人到案率”指标考核。“犯罪嫌疑人到案率”是指已抓获的犯罪嫌疑人占已查明的犯罪嫌疑人的比率。各地公安机关要对承担侦查办案任务的部门和侦查员实行“犯罪嫌疑人到案率”指标考核，在考核这些部门和侦查员的工作成效时，不仅要考核破案绝对数，而且要考核“犯罪嫌疑人到案率”，从而引导侦查办案部门和侦查员不断增强防逃、控逃意识，力争做到“破案多、抓获多、逃得少”。

三、严格落实“破案追逃责任制”。各级公安机关要把立案、侦查、破案、追逃的责任，落实到每个办案单位和侦查员身上，谁办的案件，谁就要对该案在逃人员的缉捕工作负责到底。办案单位和侦查员要负责搜集在逃人员的资料并及时上网，要保管好在逃人员的证据档案，随时掌握缉捕工作进展情况，并做好敦促在逃人员投案自首等工作。

七、对重大在逃人员实行“A、B 级通缉”。将《公安部通缉令》分成“A 级”、“B 级”两个等级。《公安部 A 级通缉令》是为了缉捕公安部认为应该重点通缉的在逃人员而发布的命令。《公安部 B 级通缉令》是公安部应各省级公安机关的请求而发布的缉捕在逃人员的命令。各省级公安机关向公安部申请发布《公安部通缉令》，要提供以下材料：发布通缉令的请示，基本案情和要求通缉的地域范围；被通缉人的姓名、性别、年龄、体貌特征、近期清晰正面免冠照片、身份证号码；对被通缉人采取强制措施的《批准逮捕决定书》、《逮捕证》或《呈请刑事拘留报告书》、《拘留证》的复印件。公安部 A 级、B 级通缉令办理业务仍归口部刑侦局管理。公安部 A 级、B 级通缉令传真下发，同时在“全国公安信息网络”上发布，并录入“全国在逃人员信息”。还将视情在报刊、电视等新闻媒体和全国性的计算机公共信息网络上适量发布，实行公开通缉。

八、实行“追逃奖励”制度。每抓获一名网上在逃人员，立案地公安机关要奖励抓获单位或个人五百元至一千元，案情重大、紧急的，可以视情提高奖励金额。奖励金额要标注在上网在逃人员信息中。在本地区、本市辖区内抓获本地的上网在逃人员原则上不予奖励。对抓获《公安部A级通缉令》被通缉人或者提供关键线索的有功单位或个人，由公安部给予奖励，奖励金额在通缉令上标明；对抓获《公安部B级通缉令》被通缉人或者提供关键线索的有功单位或个人，由申请发布通缉令的省级公安机关给予奖励，奖励金额由省级公安机关确定，并在通缉令上标明。对防逃意识强，“犯罪嫌疑人到案率”高，防止在逃人员产生的；对抓逃工作成绩突出的单位和个人，要根据《人民警察奖惩条例》的规定给予奖励和表彰。

九、实行“倒查追究”制度。各级公安机关对抓获的重大在逃人员要认真分析研究其潜逃、藏匿的情况，从中发现缉捕在逃人员工作中存在的问题和漏洞，并对有关责任人员实行倒查责任追究。对因侦查工作失误造成犯罪嫌疑人外逃的；对应上网而未上网丧失抓捕时机造成犯罪嫌疑人外逃久抓未获的；对在逃人员在辖区内长期隐藏没有及时发现的；对虚报成绩骗取奖励或荣誉的；对配合协助外地抓逃不力或乱收费的，要严肃追究有关民警及领导的责任；对造成严重后果和恶劣影响的，要通报全国，严肃批评。

四、《人民检察院刑事诉讼规则》（节选）

第一百七十五条 对案件进行初查的人民检察院可以委托其他人民检察院协助调查有关事项，委托协助调查应当提供初查审批表，并列明协助调查事项及有关要求。接受委托的人民检察院应当按照协助调查请求提供协助；对协助调查事项有争议的，应当提请双方共同的上级人民检察院协调解决。

第二百三十条 人民检察院到本辖区以外进行搜查，检察人员应当携带搜查证、工作证以及载有主要案情、搜查目的、要求等内容的公函，与当地人民检察院联系，当地人民检察院应当协助搜查。

第二百三十二条 人民检察院办理案件，需要向本辖区以外的有关单位和个人调取物证、书证等证据材料的，办案人员应当携带工作证、人民检察院的证明文件和有关法律文书，与当地人民检察院联系，当地人民检察院应当予以协助。

必要时，可以向证据所在地的人民检察院发函调取证据。调取证据的函件应当注明取证对象的具体内容和确切地址。协助的人民检察院应当在收到函件后一个月内将调查结果送达请求的人民检察院。

第二百三十五条 人民检察院查封、扣押财物和文件，应当经检察长批准，由两名以上检察人员执行。

需要查封、扣押的财物和文件不在本辖区的，办理案件的人民检察院应当依照有关法律及有关规定，持相关法律文书及简要案情等说明材料，商请被查封、扣押财物和文件所在地的人民检察院协助执行。

被请求协助的人民检察院有异议的，可以与办理案件的人民检察院进行协商，必要时，报请共同的上级人民检察院决定。

主要参考文献

一、著作类

1. 何家弘主编：《刑事司法大趋势》，中国检察出版社 2005 年版。

2. 孙文德主编：《论五大警务——构建现代警务机制的实践与思考》，群众出版社 2011 年版。

3. 潘天群：《科学方法论导论》，中央编译出版社 1999 年版。

4. 解识予：《纳什均衡论》，上海财经大学出版社 1999 年版。

5. 张维迎：《博弈论与信息经济学》，上海三联书店、上海人民出版社 2004 年版。

6. 范如国、韩民春编著：《博弈论》，武汉大学出版社 2006 年版。

7. 刘为军：《侦查中的博弈——侦查对抗与合作》，中国检察出版社 2011 年版。

8. 丁社教：《法治博弈分析导论》，西北工业大学出版社 2007 年版。

9. 侯光明、李存金：《管理博弈论》，北京理工大学出版社 2005 年版。

10. 韦森：《社会秩序的经济分析导论》，上海三联书店 2001 年版。

11. 郑也夫：《代价论——一个社会学的新视角》，生活·读书·新知三联书店 1995 年版。

12. 姜启源：《数学模型》，高等教育出版社 1998 年版。

13. 公安部法制局编：《公安机关执法细则释义》，中国人民公安大学出版社 2009 年版。

14. 黄翠纹、孟维德：《警察与犯罪预防》，台湾地区五南图书出版股份有限公司 2012 年版。

15. 魏永忠：《跨区域警务合作论——环首都地区社会安全防控警务合作体系研究》，中国人民公安大学出版社 2009 年版。

16. 马进保：《中国区际侦查合作》，群众出版社 2003 年版。

17. 王光、魏永忠主编：《现代警务协作与指挥：适应快速反应的公安工作运行机制研究》，群众出版社 2003 年版。

18. ［美］罗·伯特克拉克著，马忠元译：《情报分析——以目标为中心的方法》，金城出版社 2013 年版。

19. ［英］肯·宾默尔著，李晋译：《自然正义》，上海财经大学出版社 2010 年版。

20. ［英］H. K. 科尔巴奇著，张毅、韩志明译：《政策》，吉林人民出版社 2005 年版。

21. ［美］罗伯特·阿克塞尔罗德著，梁捷、高笑梅译：

《合作的复杂性：基于参与者竞争与合作的模型》，上海世纪出版集团 2008 年版。

22. ［美］杰克·奈特著，周伟林译：《制度和社会冲突》，上海人民出版社 2009 年版。

23. ［美］罗伯特·艾克斯罗德著，吴坚忠译：《对策中的制胜之道——合作的进化》，上海人民出版社 1996 年版。

24. ［美］奥斯特罗姆等著，宋全喜、任睿译：《公共服务的制度建构》，上海三联书店 2000 年版。

25. ［美］道格拉斯·C. 诺思著，杭行译：《制度、制度变迁与经济绩效》，格致出版社、上海三联书店、上海人民出版社 2008 年版。

26. ［美］迈克尔·L. 瓦休等著，刘铮、张斌涛译：《组织行为与公共管理》（原书第 3 版），经济科学出版社 2004 年版。

27. ［美］托马斯·谢林著，王永钦、薛峰译：《承诺的策略》，上海世纪出版集团 2009 年版。

28. ［美］阿维纳什·K. 迪克西特等著，王尔山译：《策略思维——商界、政界及日常生活中的策略竞争》，中国人民大学出版社 2002 年版。

29. ［美］杰克·奈特著，周伟林译：《制度和社会冲突》，上海人民出版社 2009 年版。

30. ［美］保罗魏里希著，黄涛译：《均衡与理性——决策规则修订的博弈理论》，经济科学出版社 2000 年版。

31. ［美］科林凯莫勒著，贺京同等译：《行为博弈——对策略互动的实验研究》，中国人民大学出版社 2006 年版。

32. ［美］拜尔、格特鲁、皮克著，严旭阳译：《法律的博弈分析》，法律出版社 2004 年版。

33. ［美］格若赫姆·罗珀著，柯华庆、闫静怡译：《博弈论导论及其应用》，中国政法大学出版社 2005 年版。

34. ［日］青木昌彦著，周黎安译：《比较制度分析》，远东出版社 2001 年版。

二、论文类

1. 赵永琛：《论区域警务合作》，《政法学刊》1999 年第 2 期。

2. 卞堪光：《跨区犯罪与警务合作》，《特区展望》1998 年第 2 期。

3. 何家弘、刘为军：《论侦查行为的规范化》，载郝宏奎主编：《侦查论坛》（第 4 卷），中国人民公安大学出版社 2005 年版。

4. 魏建：《博弈、合作与法律》，《山东社会科学》2001 年第 3 期。

5. 杨士隆、王文忠、程进闰：《刑事警察人员侦查发动之决意历程、破案关键因素之研究》，《中央警察大学警学丛刊》2004 年第 3 期。

6. 北京市公安局勤务指挥部：《从时代背景看加强区域警务合作的紧迫性》，载罗锋主编：《第三届中国警学论坛文集》，中国人民公安大学出版社 2012 年版，第 329—334 页。

7. 刘峥：《科学认识和把握区域警务合作的时代背景》，载罗锋主编：《第三届中国警学论坛文集》，中国人民公安大学出版社 2012 年版。

8. 蔡田：《论推动长三角城市群警务合作一体化的动力及整合方略》，《上海公安高等专科学校学报》2012 年第 2 期。

9. 刘为军：《欧盟警务一体化的现状、制约因素及发展趋势》，《欧洲研究》2004 年第 6 期。

10. 马振川、傅振华、徐立根：《论相对侦查》，载郝宏奎主编：《侦查论坛》（第三卷），中国人民公安大学出版社 2004 年版，第 375 页。

11. 伍言：《论打击犯罪新机制》，《中国刑事警察》2009 年第 3 期。

12. 蔡小玲：《警务合作趋向成熟，发挥出强大作用》，《人民公安报》2012 年 5 月 17 日第 004 版。

13. 解源源、李世杰：《我国区域警务合作的时代背景分析》，载罗锋主编：《第三届中国警学论坛文集》，中国人民公安大学出版社 2012 年版。

14. 上海市警察协会第四课题组：《区域警务协作的路径选择和机制研究》，载罗锋主编：《第三届中国警学论坛文集》中国人民公安大学出版社 2012 年版。

15. 张萌：《我国区际警务合作共同打击犯罪问题研究》，《法制与社会》2009 年第 6 期。

16. 上海市公安局虹口分局课题组：《区域警务协作机制建设研究》，《上海公安高等专科学校学报》2011 年第 5 期。

17. 饶俊新：《区域警务合作，提高公安组织整体功能的策略选择》，载《中国行政管理学会 2011 年年会暨“加强行政管理研究，推动政府体制改革”研讨会论文集》。

18. 裘树祥：《现行侦查协作管理模式存在的问题与改革设想》，《公安大学学报》2000 年第 4 期。

19. 苑军辉、窦琳琳：《论侦查协作》，《辽宁警专学报》2009 年第 5 期。

20. 陆勇华：《略论非地缘区域警务协作的路径设计》，《上海公安高等专科学校学报》2011 年第 2 期。

21. 陈琴、刘为军：《瑞典的检警关系及其发展趋势》，《中国刑事法杂志》2009 年第 3 期。

22. 高政昇：《两岸共同合作打击犯罪之探讨》，《2001 年犯罪防治学术研讨会论文集》，台湾地区中央警察大学 2002 年印。

23. 张远煌、刘为军：《海峡两岸毒品侦查协作研究》，《法治研究》2011 年第 2 期。

24. 任惠华、栾时春：《我国侦查协作的法律规制及运行评析》，《贵州警官职业学院学报》2004 年第 5 期。参程小白：《我国经侦工作面临的矛盾及其协调发展对策》，《公安大学学报》2000 年第 4 期。

25. 张维迎：《法律制度的信誉基础》，《经济研究》2001 年第 1 期。

26. 刘为军：《合作侦查博弈研究》，《中国人民公安大学学报（社会科学版）》2011 年第 5 期。

27. 陈琴：《英国警察组织的现状及其发展趋势》，载何家弘主编：《公安学论丛》（第 1 卷），法律出版社 2005 年版。

28. 肖军：《英国欺诈犯罪侦诉机构改革与启示》，《中国刑事法杂志》2012 年 10 月。

29. 张兆华：《试论公安工作一体化》，载《创新型刑侦警务建设专题征文优秀征文集》，《北京刑侦研究》2011 年 12 月发行。

30. 梁群：《论新时期合作警务发展策略》，《公安学刊》2009 年第 5 期。

31. 侯钟山：《公安管理体制改革势在必行》，《云南公安高等专科学校学报》1999 年第 1 期。

32. 张会文：《警察文化——走向 21 世纪的时尚观念》，《公安教育》1995 年第 3 期。

33. 郝宏奎：《侦查与侦查学若干基本问题探讨》，《贵州警官职业学院学报》2004 年第 1 期。

34. 魏永忠等：《试论跨区域警务合作——以环首都社会安全防控警务合作机制建设为例》，《中国人民公安大学学报》2009 年第 4 期。

35. 韩春梅等：《跨界治理视阈下的区域警务合作机制》，《中国人民公安大学学报》2012 年第 2 期。

36. 刘铮：《关于区域警务合作的理论与实践探讨》，《公安研究》2011 年第 5 期。

37. 刘汝宽：《论区际刑事侦查协作机制的构建》，《贵州警官职业学院学报》2009 年第 2 期。

38. 李晴晴：《侦查协作的碎片化分析及其整体性治理模式》，《福建警察学院学报》2013 年第 6 期。

39. 邵秋明：《贪渎案件的侦查协作机制之探析》，《法制与社会》2012 年第 19 期。

40. 覃盛晓、颜增：《论我国公安机关区域侦查协作》，

《湖北警官学院学报》2012 年第 8 期。

41. 阳雁：《浅析我国经济犯罪侦查协作》，《法制博览（中旬刊）》2012 年第 1 期。

42. 张红卫、林萍：《浅析检察机关开展侦查协作工作实践中存在的问题及对策》，《法制与社会》2012 年第 29 期。

43. 孙静晶：《论以情报整合实现侦查协作的效益最大化》，《甘肃警察职业学院学报》2012 年第 4 期。

44. 钱飞、王国庆：《关于职务犯罪侦查协作的问题研究》，《法制与社会》2011 年第 29 期。

45. 黄首华、魏克强：《对我国当前侦查协作的几点思考》，《商品与质量》2011 年第 10 期。

46. 杨洋、翁里：《论“侦查协作”原则在涉外犯罪案件中的应用》，《滁州学院学报》2011 年第 4 期。

47. 唐杨：《地区间侦查协作存在的问题及思考》，《辽宁公安司法管理干部学院学报》2011 年第 4 期。

48. 张伟国、袁家林、邹文海：《对完善检察侦查协作工作的思考》，《法制与社会》2010 年第 22 期。

49. 宫敏：《论贪贿案件侦查协作的多样化》，《法制与社会》2010 年第 32 期。

50. 孙静晶：《浅议情报整合联动与侦查协作效益》，《铁道警官高等专科学校学报》2013 年第 1 期。

51. 周江：《从湄公河惨案的侦破谈国际侦查协作》，《广西警官高等专科学校学报》2013 年第 3 期。

52. 刘黎明、刘旭洋：《论电信诈骗案中的异地侦查协作》，《净月学刊》2013 年第 5 期。

53. 刘黎明、陈文周：《论拐卖妇女儿童案件侦破中的侦查协作》,《净月学刊》2014 年第 6 期。

54. 阳雁:《我国洗钱犯罪侦查协作机制问题探究》,《法制与社会》2014 年第 35 期。

55. 莫兴鉴、梁秀波:《浅谈海峡两岸毒品犯罪侦查协作》,《广西警官高等专科学校学报》2014 年第 6 期。

56. 向党:《论国际侦查协作》,《公安研究》1998 年第 5 期。

57. 王连蒲:《侦查协作若干问题》,《福建公安高等专科学校学报:社会公共安全研究》1999 年第 6 期。

58. 陈晓明:《经济犯罪侦查协作之我见》,《公安学刊(浙江公安高等专科学校学报)》1999 年第 2 期。

59. 任克勤:《犯罪侦查协作之研究》,《政法学刊》1999 年第 1 期。

60. 孙明涛、沈思国:《论侵犯知识产权犯罪侦查协作机制》,《江苏警官学院学报》2008 年第 1 期。

61. 倪瑞平、倪铁:《知识产权犯罪侦查协作及其机制优化》,《犯罪研究》2004 年第 3 期。

62. 方菁:《加强检察机关侦查协作的建议》,《人民检察》2000 年第 10 期。

63. 温百林:《反贪污贿赂侦查工作的“推动剂”——谈侦查协作的方式及运作》,《广西政法管理干部学院学报》2000 年第 1 期。

64. 苑军辉:《论侦查协作的范围》,《辽宁警专学报》2000 年第 1 期。

65. 姚宇:《试论我国刑事侦查协作》,《吉林公安高等专科学校学报》2000 年第 3 期。

66. 范玉:《关于侦查协作问题的思考》,《公安大学学报》2001 年第 3 期。

67. 卢明宏:《关于完善侦查协作机制的思考》,《辽宁公安司法管理干部学院学报》2001 年第 3 期。

68. 最高人民检察院:《人民检察院侦查协作的暂行规定》,《新法规月刊》2001 年第 5 期。

69. 姜建宁:《对当前经济犯罪侦查协作的思考》,《公安研究》2001 年第 2 期。

70. 范玉:《侦查协作存在问题研究》,《公安研究》2001 年第 8 期。

71. 最高人民法院:《最高人民检察院关于人民检察院侦查协作的暂行规定》,《司法业务文选》2001 年第 2 期。

72. 张宝瑞、张辉、房军:《系列性经济犯罪案件侦查协作若干问题的思考》,《辽宁公安司法管理干部学院学报》2002 年第 1 期。

73. 吕云平:《经济案件侦查中的侦查协作》,《山西警官高等专科学校学报》2002 年第 2 期。

74. 江卫社:《论侦查管辖的相对性及侦查协作的多样化》,《甘肃政法学院学报》2005 年第 3 期。

75. 孙桂华、姜勇、张宏光:《职务犯罪侦查协作机制初探》,《检察日报》2001 年 5 月。

76. 钟文华:《职务犯罪侦查协作之现状、存在问题及完善路径》,《第七届国家高级检察官论坛会议文章》2011 年 10 月。

77. 欧阳乐:《浅谈经济犯罪侦查协作》,《北京人民警察学院学报》2006 年第 1 期。

78. 薛培、黄春旭、王燕、胡继恒：《职务犯罪异地侦查协作仍存障碍》，《检察日报》2007 年 8 月 1 日。

79. 张建良、熊安邦：《中国区际警务合作模式的探析》，《云南警官学院学报》2009 年第 1 期。

80. 张萌：《我国区际警务合作共同打击犯罪问题研究》，《法制与社会》2009 年第 26 期。

81. 李凌云：《区域警务合作机制下联合执法战斗的力量构成及使用》，《湖北警官学院学报》2013 年第 10 期。

82. 汪勇：《中国区域警务合作研究》，《中国人民公安大学学报（社会科学版）》2013 年第 5 期。

83. 张飞虎：《跨国（境）犯罪背景下的警务合作机制浅探——以“两岸四地”为研究界面》，《甘肃警察职业学院学报》2013 第 4 期。

84. 靖思：《两岸四地警务合作途径比较研究》，《法制博览（中旬刊）》2014 年第 3 期。

85. 陈华、李芳：《论中国—东盟区域警务合作机制的建构——以欧洲经验为启示》，《广西社会科学》2014 年第 1 期。

86. 赵玉丽：《“小区域”警务合作机制研究》，《北京警察学院学报》2013 年第 6 期。

87. 杨红：《区域警务合作机制研究——以襄阳市为例》，《湖北警官学院学报》2014 年第 3 期。

88. 王静：《两岸警务工作合作问题与对策研究》，《甘肃警察职业学院学报》2014 年第 1 期。

89. 徐鹏：《内地与港澳打击跨境网络犯罪警务合作研究》，《福建警察学院学报》2014 年第 1 期。

90. 杨郁娟：《论电信诈骗犯罪侦查中的海峡两岸警务合作》，《铁道警察学院学报》2014 年第 2 期。

91. 欧阳洁慧：《区域警务合作视域下的校局合作展望与思考》，《广东公安科技》2014 年第 3 期。

92. 李鸿杰、黄晨：《区域警务合作研究综述》，《北京警察学院学报》2014 年第 4 期。

93. 孙杨杰、郑阳锡：《两岸警务合作的沿革与发展》，《东南学术》2014 年第 4 期。

94. 徐承：《成渝经济区警务合作的战略构想与路径设计》，《中共四川省委省级机关党校学报》2012 年第 1 期。

95. 张慧娟、马亚男、江浩然：《论警务合作》，《法制与社会》2012 年第 5 期。

96. 韩春梅、李侠：《跨界治理视阈下的区域警务合作机制》，《中国人民公安大学学报（社会科学版）》2012 年第 2 期。

97. 王前勇：《区域警务合作长效机制探索》，《福建警察学院学报》2012 年第 2 期。

98. 陆东：《区域警务合作的战略解构与模式选择》，《上海公安高等专科学校学报》2012 年第 3 期。

99. 赵玉丽：《区域警务合作的动力及制约因素探析》，《吉林公安高等专科学校学报》2012 年第 1 期。

100. 方岩、吴鸿驹：《两岸四地警务合作情报体系构建探讨》，《政法学刊》2012 年第 4 期。

101. 李侠：《我国区域警务合作机制现状与思考》，《北京人民警察学院学报》2012 年第 4 期。

102. 吴晓瑛、邓晓东：《论海峡两岸警务合作存在的问题及对策》,《海峡法学》2012 年第 4 期。

103. 吴仲柱:《海峡两岸警务合作规律研究》,《福建警察学院学报》,2012 年第 6 期。

104. 陈茜:《当前海峡两岸警务合作研究综述》,《吉林公安高等专科学校学报》2012 年第 5 期。

105. 李官欣:《论海峡两岸警务合作新模式的构建》,《湖北警官学院学报》2011 年第 1 期。

106. 熊一新、吴仲柱:《海峡两岸及内地与港澳警务合作比较研究》,《北京人民警察学院学报》2011 年第 1 期。

107. 刘峥:《关于区域警务合作的理论与实践探讨》,《公安研究》2011 年第 5 期。

108. 李世杰:《我国区域警务合作的时代背景分析》,《北京人民警察学院学报》2011 年第 3 期。

109. 陕西省公安厅研究室课题组:《区域警务合作之时代背景析评——以西北地区为例》,《公安研究》2011 年第 8 期。

110. 方葆廉:《区域警务合作机制建设探析》,《公安研究》2011 年第 9 期。

111. 赵玉丽:《从“强制治理”到“合作治理”——区域警务合作治理理念转型探析》,《云南警官学院学报》2011 年第 5 期。

112. 陈加瑶:《构建闽台共同打击犯罪警务合作机制之管见》,《公安研究》2010 年第 3 期。

113. 石向群、石琨:《基于两岸四地警务合作的警学研讨话语体系之建构》,《福建警察学院学报》2010 年第 1 期。

114. 广东省珠海市公安局课题组:《关于推进珠江口西岸区域警务合作的实践与思考》,《公安研究》2010 年第 2 期。

115. 王大为：《网络时代的社会管理——两岸四地警务合作的机遇与挑战》，《中国人民公安大学学报（社会科学版）》2010 年第 3 期。

116. 叶寒冰：《我国区际警务合作机制研究》，《公安研究》2010 年第 7 期。

117. 刘晶：《对加强区际警务合作的思考》，《甘肃警察职业学院学报》2010 年第 2 期。

118. 熊一新、吴仲柱：《海峡两岸警务合作机制研究》，《公安研究》2010 年第 11 期。

119. 吴昕诺：《我国区域警务合作机制构建》，《辽宁警专学报》2013 年第 2 期。

120. 陆晶：《环首都大外管区域警务合作必要性探讨》，《辽宁公安司法管理干部学院学报》2013 年第 1 期。

121. 聂国丽、魏耘、曹通：《警务合作的实践与探索》，《净月学刊》2013 年第 1 期。

122. 赵玉丽：《区域警务合作动力机制研究——以江苏省盱眙警务合作区为例》，《云南警官学院学报》2013 年第 5 期。

123. 张飞虎：《跨境犯罪背景下的警务合作机制探析》，《新疆警官高等专科学校学报》2014 年第 4 期。

124. 赵永琛：《我国内地与香港警务合作问题研究》，《法学家》1998 年第 3 期。

125. 赵永琛：《论区域警务合作》，《政法学刊》1999 年第 2 期。

126. 黄少泽：《海峡两岸及港、澳地区警务合作》，《人民检察》2008 年第 19 期。

127. 周心捷、罗宁妮：《粤港澳区际反黑警务合作的回顾与前瞻》,《政法学刊》2008 年第 6 期。

128. 李松梅、陈平:《粤港澳刑事警务合作的规范化建设》,《中国刑事警察》2007 年第 6 期。

后　　记

本书源于我对博弈论侦查应用的兴趣。早在攻读博士期间，因与杨宗辉教授合作撰写专著《侦查方法论》，我开始认真研读博弈论方面的书籍，博士论文《侦查行为研究》中亦有2万余字篇幅展示侦查行为的博弈特征。博士毕业后，应何家弘教授邀请，我为其主编的《新编犯罪侦查学》一书撰写了“侦查博弈论”一章。但是，我对博弈论与警务活动（主要是侦查行为）关系的系统研究主要还是因为中国检察出版社安斌老师。应他的邀请，我于2010年底完成专著《侦查中的博弈——侦查对抗与合作》一书，并于2011年初出版。

近年来，公安机关大力推进区域警务合作，在全国建成了七大区域警务合作平台，地区间“点”对“点”的合作也如火如荼，我觉得有必要将《侦查中的博弈》一书所阐述的博弈论在侦查中的应用理念和方法应用于区域侦查协作并扩展至区域警务合作领域。为此，我于2011年申请了中国法学会部级课题“博弈论视野下的区域侦查协作研究”和北京市哲学社会科学青年项目“博弈论视野下的区域警务合作机制研究”，最终完成了两份课题研究报告，并进行了进一步充实完善。

课题结项后，由于种种原因，我一直没有再翻阅这份研究报告。2014 年底，公安部召开全国刑侦工作会议，会议对区域侦查协发布了一些新的提法和举措，部分观点与我先前的研究报告有着不谋而合之处。于是，我萌生了进一步修改研究报告并将其交付出版的想法。在此期间，本人承担了北京市青年英才项目“侦查、预防、服务三元一体警务策略研究”，本书自始至终强调侦查（警务）的服务和预防理念，本书也属于该项目的阶段性成果。

感谢北京师范大学法学院党委书记、博士生导师张远煌教授，本书在撰写和完善过程中得到了他的精心指导。张教授是我的博士后合作导师，他建议我从犯罪治理视角对警务合作做更深入的研究，但限于本人水平，未能完全贯彻他的意图，留待后续研究弥补。

自达成出版意向后，我对交稿时间一拖再拖，感谢本书编辑肖书琪女士的耐心！

借此机会，也要感谢博士期间导师何家弘教授和硕士阶段导师杨宗辉教授一如既往的关心和支持，感谢中国人民公安大学侦查学院所提供的宽松工作环境！

防城港市公安局刘心灵、郑州市公安局郭合增、北京市公安局张梦璐、辽宁省公安厅关磊、海南省司法厅彭雨桐、黑龙江省公安厅杨添智、济南市公安局尹纯勇等为我提供了大量帮助，在此一并致谢！

本书初稿完成时，女儿蜻蜓正满百日；如今成书，她已两岁有余，清新秀气、聪明伶俐。本书虽非上乘，但亦倾注了我的心血，就当是给她的一件小礼物，先“有”，然后期待未来的“好”。

作　者

2015 年 4 月于木樨地